
瓦 wǎ 기와 와

篆 불에 구운 도기를 일반적으로 부르는 명칭이다. 소전에서는 두 개의 기와가 서로 겹쳐져 서로를 물고 있는 모양인데, 아마도 기와가 용마루나 지붕에 놓인 모습을 그렸을 것이다.

枕 zhěn 베개 침

篆 목(木)과 임(尤)으로 구성되었는데, 목(木)은 베개를 만드는 재료를 뜻하고 임(尤)은 소리부이다. 한 사람이 베개를 베고 누워있는 모습이다.

央 yāng

甲

金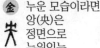

베고 잘 때, 임(尤)이 옆으로 누운 모습이라면 앙(央)은 정면으로 누워있는 모습이다.

宁 zhù 쌓을 저

甲 저(貯)는 거래에 사용되던 조개껍질로 만든 화폐가 저(宁) 모양으로 된 상자 속에 보관된 모습이다. 저(宁)는 어떤 물건을 보관하기 위한 궤짝이라 생각되며, 그래서 자형에서 그린 모습은 궤짝의 측면 모습이다. 사람들이 옷을 입기 시작하면서 옷을 보관할 수 있는 궤짝도 필요했다.

宣 xuān 베풀 선

甲

金

소용돌이치는 모양의 도안인데, 나중에 집을 나타내는 면(宀)이 더해져서, 집을 장식하는 기하학적 도안을 나타냈다.

尋 xún 찾을 심

甲 손을 좌우로 펼쳐, 집에 없어서는 안 될 돗자리 같은 것의 길이를 재는 모습이다. 두 팔 사이의 길이가 심(尋)인데, 2미터보다는 약간 짧다. 궤짝도 필요했다.

丌 jī 대 기

金

篆

갑골문에서 기(其, 丌)는 원래 '키'를 그린 것이었다. 금문에 들면서 나 와 같이 써 더 복잡해지기도 했고, 또 丌와 같이 써 간단해지기도 했다. 간단한 자형에 근거해 사람들은 낮은 안석(案席)이라고 풀이했다.

几 jī 안석 궤

金

篆

식사를 위한 낮은 탁자로, 나중에는 좌석을 나타내는 낮은 탁자로도 사용되었다. 춘추시대 후기에 들어서는 동이족들이 야외에서 걸상처럼 된 간단한 접의자에 앉아 있는 모습이지만, 기(丌)의 자형에 더 가까워 보인다. 이후 형체도 독음도 서로 비슷해서 혼용하게 되었다.

(搜) 叟 sǒu 늙은이 수

甲

篆

사람이 손에 횃불을 들고 집에서 무언가를 찾는 모습을 그렸다. 실내에서 횃불로 조명을 삼으면 화재가 잘 발생할 수 있다. 횃불은 무언가를 찾기 위해 잠시 사용해야만 했다.

光 guāng 빛 광

甲

金

무릎을 꿇은 사람이 머리에 불꽃(등잔 받침대)을 인 채 불을 밝히는 모습이다. 상나라 때에 이미 기물에 기름을 담아 불을 켰음을 알 수 있다.

幽 yōu 그윽할 유

甲

金

화(火)와 두 가닥의 실로 구성되어, 심지를 태워 '불을 밝히다'는 의미를 표현했는데, 불빛이 희미하다는 의미를 나타낸다.

熏 xūn 연기 낄 훈

甲

양쪽 끝을 실로 묶은 주머니로, 주머니 속에 여러 가지 물건이 든 모습이다. 이는 향을 넣은 주머니 즉 향낭(香囊)인데, 향기로운 꽃잎을 말려 넣어 옷에 향기가 스며들게 하는데 쓰였으며, 또 가지고 다니면서 어디에서나 향기를 풍길 수 있게 했다.

寒 hán 찰 한

金

한 사람이 네 개(많음을 표시)의 풀 속에 든 모습이다. 사람들은 처음에는 땅에서 잠을 자다가 이후에 마른 풀을 깔고 잤다. 이것이 추위를 충분히 막아줄 수 없었기에 '차갑다'는 의미를 갖게 되었을 것이다.

宿 sù 묵을 숙

甲 金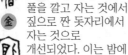

한 사람이 짚으로 짠 돗자리에 누워 있거나, 집 안의 돗자리에서 누워 자는 모습이다. 그 당시에 이미 마른 풀을 깔고 자는 것에서 짚으로 짠 돗자리에서 자는 것으로 개선되었다. 이는 밤에 자는 오랜 잠을 표현했으므로, '숙박(宿泊)'이나 '하룻밤'이 지난 시간을 지칭하는데 쓰였다.

疒 nè 병들어 기댈 녁

甲

짚으로 만든 돗자리는 습기를 근원적으로 차단할 수 없었기에, 점차 침대에서 잠을 자는 방식으로 개선되었다. 이 자형을 가로로 눕혀 보면, 한 사람이 다리가 달린 침대 위에 누워있는 모습이다. 상나라 때에는 돗자리 위에 자는 것이 일상적이었기 때문에 침대 위에 놓인 사람은 병이 났음을 상징했다.

疾 jí 병 질

金

한 사람이 화살에 맞아 부상을 당해 쓰러진 모습을 그렸다. 내상으로 인해 침대에 누워있는 녁(疒)자와는 달리, 질(疾)은 외상을 입은 환자를 지칭했다. 또 다른 해석은 병이 나는 것을 모두가 싫어했기 때문에 질(疾)에 '혐오하다'는 뜻이 생겼다고도 한다.

室 shì 집 실

甲 金

갑골문 자형을 보면, 집 안[宀]에 지(至)자가 든 모습이다. 집 안의 다용도 공간을 의미하며, 면(宀)이 의미부이고 지(至)가 소리부인 형성구조이다. 금문에서는 집안에 지(至)가 두 개 든 모습의 복잡한 자형이 등장하기도 한다.

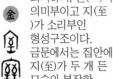

廳 tīng 관청 청

甲

집 안에 '청(聽: 듣다)'자가 든 모습이다. 이는 집 안에서 중요한 일을 처리할 수 있는 넓은 공간을 의미한다. 면(宀)이 의미부이고 청(聽)이 소리부인 형성구조이다.

夢 mèng 꿈 몽

甲

눈썹이 크게 그려진 귀족이 침대에서 자는 모습인데, 눈을 크게 뜨고 마치 무언가를 보는 것처럼 그려졌다. 고대의 귀족들은 중요한 결정을 내리기 전에 강제로 약을 먹고 잠을 자 꿈에서 문제의 해결방안을 얻고자 하는 습속이 있었다. 의외로 사망할 가능성도 있었고, 또 그의 신분이 존귀하고 높았던지라 특별히 침대 위에 누워 꿈을 꾸도록 했다.

雝 yōng 할미새 옹

甲 金

가장 복잡한 자형인 경우, 궁(宮: 집), 수(水: 물), 조(鳥: 새)의 세 가지 요소로 구성되었다. 물이 흐르고 새가 지저귀는 대형 궁전 안뜰로, 매우 고급스런 건물을 말한다.

容 róng 얼굴 용

金 篆

금문으로 볼 때, 면(宀)이 의미부이고 공(公)이 소리부인 형성 구조이다. 이후 소전에서 면(宀)과 곡(谷)으로 구성된 회의 구조로 바뀌었다. 곡(谷)은 물이 흘러나오다 장애물을 만나 갈라지는 모습을 그렸다. 용(容)은 '수용(受容)하다', '포용(包容)하다'는 뜻으로 쓰이는데, 산과 놀과 샘물을 다 수용할 수 있는 화원만큼 거처하는 곳의 면적이 크다는 뜻을 반영하였다.

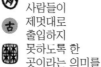

囿 yòu 동산 유

甲 金 古

어떤 특정 지역을 초목을 심는 원예지로 구분해 놓은 모습이다. 이곳은 귀족들이 사냥이나 잔치를 행할 때 전체를 에워싸 다른 사람들이 제멋대로 출입하지 못하도록 한 곳이라는 의미를 담았다.

廷 tíng 조정 정

金

정(廷)은 신하들이 왕에게 경의를 표할 때 서는 곳으로, 대청마루에서 아래위로 오르내리는 계단을 대각선 그림으로 표시했다.

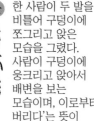

去 qù 갈 거

金

한 사람이 두 발을 비틀어 구덩이에 쪼그리고 앉은 모습을 그렸다. 사람이 구덩이에 웅크리고 앉아서 배변을 보는 모습이며, 이로부터 '버리다'는 뜻이 나왔다고 추측하는 것이 합리적일 것이다.

阜
fù 언덕 부

갑골문에서는 사다리를 그렸다. 이 사다리는 2층으로 올라가는 데 필요한 필수 장치이다. 상나라에서 2층 건물은 귀족들이 신에게 제사를 드리는 장소였기 때문에 하늘로 올라갈 수 있는 마법의 도구로 여겨졌다. 사다리의 형상은 수평과 사선이 교차된 모습인데, 줄여서 쓸 때에는 세 개의 사선만으로 위로 향하게 그렸다.

陟
zhì 오를 척

위층으로 올라가는 모습을 그렸는데, 두 발이 앞뒤로 놓여 사다리를 타고 계단을 올라가는 모습이다. 거주하는 집이 상하층 구조로 되었기에 위·아래층을 오르내릴 필요가 있었다.

各
gè 각각 각

발 하나가 반지하식의 움집으로 들어가는 모양이며, 이로부터 '오다', '내려가다' 등의 뜻이 나왔다. 상나라 때에는 대다수의 사람들이 반지하식의 움집에 살았다.

出
chū 날 출

발 하나가 움집 밖으로 걸어 나가는 모습을 그렸는데, 이로부터 '집을 나서다', '밖으로 나가다'의 뜻이 나왔다.

內
nèi 안 내

움집의 모습을 그렸다. 초기에는 반지하식의 움집에 살았는데, 열고 닫을 수 있는 출입문은 없고 들고 날 수 있는 출입구가 하나 있을 뿐이었다. 글자에 든 입(入)은 그런 출입구에 단 커튼[簾]일 것이다.

外
wài 밖 외

'점치다'는 의미의 복(卜)의 자형과 완전히 같다. 복(卜)은 점을 칠 때 뼈의 표면에 금이 갈 수 있도록 하기 위해 불로 지져 나타난 갈라진 금의 모습을 말한다.

退
tuì 물러날 퇴

내(內)와 지(止)의 결합으로 이루어졌다. 한 발이 집 안에 있는 모습이다. 고대 사람들은 아침 일찍 일을 하러 갔다가 일을 끝내면 집으로 돌아와 쉬었는데, 이로부터 '되돌아오다', '퇴각(退却: 물러나다)' 등의 뜻이 나왔다.

處
chù 살 처

자형이 '퇴(退)'와 비슷하지만, 문의 커튼이 열리지 않은 것으로 보아 집 안에 있는 사람들이 아직 나가지 않았음을 나타낸다. 이로부터 '편안하게 거처하다'는 뜻이 나왔다.

囧
jiǒng 빛날 경

둥근 창의 모습이다. 다른 둥근 것들과 구별하기 위해 세 개 또는 네 개의 짧은 선이 원에 추가되었다.

戶
hù 지게 호

완전히 지상에 지은 집에는 지게문(戶)이 달렸다. 호(戶)자는 나무 기둥 하나에 설치된 외짝 나무판을 말한다. 나무판의 면적이 컸기 때문에 여러 조각의 나무 보드를 붙여서 만들었다. 자형에서는 두 개의 나무판으로 다수의 나무판을 상징하였다.

門
mén 문 문

갑골문의 자형은 두 개의 나무 기둥에 각각 여러 개의 나무판을 합쳐 만든 '문이나 지게문'의 모습이다. 상나라에서 호(戶)는 개별 주택의 출입구였으며, 문(門)은 여러 사람이 함께 모여 사는 정착지에서 공동으로 사용하는 출입문이었다.

明
míng 밝을 명

'창'과 '달'의 조합으로 이루어져, 달빛이 창문을 비추어 실내를 밝게 비추는 것을 의미한다. 창문을 그렸던 부분이 줄어서 대부분 해를 뜻하는 일(日)로 변했다.

寢
qín 잠잘 침

방안에 빗자루가 하나 그려진 모습인데, 침실은 특별한 청소가 필요하기 때문에 빗자루가 놓인 그곳이 침실(寢室)임을 표현했다.

步 bù 걸음 보

걸을 때 한 발은 앞에 다른 한 발은 뒤에 놓인 모습이다. 교통수단이 발명되기 전, 목적지에 도달하기 위해서는 두 발로 걸어야만 했다.

止 zhǐ 발 지

발의 모양이다. 빨리 필사하기 위해 대부분 발가락이 세 개로 줄었는데, 옆으로 튀어 나온 발가락이 엄지발가락이다.

疋 shū/pǐ 발 소 / 필 필

다리와 발의 발가락을 그렸다. 갑골복사에 '질지(疾止)'와 '질서(疾疋)'라는 표현이 있는데, '질지(疾止)'가 길을 걸을 때 발에 생기는 병에 초점이 맞추어져 있다면, '질서(疾疋)'는 두 발에 생긴 부상에 중점을 두었다.

之 zhī 갈 지

지면 위에 서 있는 사람의 발을 그려, 이 지점임을 나타냈다. 이후 '이것'이라는 지시대명사로 사용됐다.

行 xíng 갈 행

교차된 십자로를 그렸다. 금문에서는 쓰기의 속도를 높이기 위해 비스듬한 필획으로 변했다.

道 dào 길 도

행(行)과 수(首)와 우(又) 등 세 개의 성분으로 구성되었다. 손에 범죄자의 목을 들고 도로 위를 걸어가는 모습이다. 이곳이 선두 대열이 가서 메달 곳임을 표현하였기에, '선도하다', '이끌다'는 뜻을 갖게 되었다. 이후 형체가 줄어 착(辵)과 수(首)의 결합으로 변했다.

途 tú 길 도

여(余)와 지(止)의 조합으로 되었는데, 여(余)는 사신이 갖고 있는 물건으로, 자신의 신분을 나타낸다. 그래서 국외에서 온 사신이 걷는 도로라는 뜻에서 '큰 길'이라는 뜻이 나왔는데, 자신의 신분을 숨길 수 있는 작은 길이 아니라는 뜻이다.

走 zǒu 달릴 주

한 사람이 빠른 속도로 길을 걸으면서 두 손이 아래위로 움직이는 모습이다.

奔 bēn 달릴 분

흔들리는 양팔 아래에 세 개의 '지(止: 발자국)'가 더해진 모습인데, 매우 빠른 속도로 달리고 있어 마치 발이 여러 개인 것처럼 보인다는 의미를 그려냈다.

遲 chí 늦을 지

글자는 두 부분으로 구성되었는데, 도로와 서로 등을 진 두 사람이 하나는 위에 다른 한 사람은 아래에 놓인 모습이다. 아마도 다른 사람을 엎고 가거나 무거운 물건을 운반하는 상황을 나타내었을 것이다. 이 때문에 다른 사람보다 속도가 '늦다'는 뜻을 나타내게 되었고, 이로부터 '느리다'는 뜻이 나왔다.

後 hòu 뒤 후

밧줄 하나가 사람의 발에 묶여 있는 모습이다. 두 발이 묶여 있기 때문에 움직이기가 불편하며 정상적인 사람들보다 느리게 걸을 수밖에 없다. 그래서 '늦다'는 의미가 나왔다.

衡 héng 저울대 형

한 사람이 머리에 무거운 바구니(또는 항아리)를 이고 있는 모습이다. 이 글자의 고문 형태를 보면 아랫부분이 '대(大: 사람)'이고 윗부분은 치(甾)의 줄인 모습이다. 머리로 무거운 물건을 이고 다니려면 '한쪽으로 기울지 않고 안정되어야' 하므로 '평형'이라는 뜻이 나왔다.

婁 lóu 별 이름 루

여자가 양손으로 머리에 인 기물을 잡고 있는 모습이다. 고대사회에서 여성들은 종종 머리 위에 도자기 항아리를 이고 물을 운반하였는데, 항아리가 물로 채워지지 않으면 비어 있고 무게 중심이 불안정하다. 그래서 이런 개념으로 '비어있다'는 의미를 표현했다.

疑 yí 의심할 의

(甲) 서 있는 노인이 입을 벌리고 머리는 옆으로 돌린 모습을 그렸다. 나중에 지팡이를 들고 있는 모양을 추가하여, 노인이 길을 잃고 어디로 가야할 지를 망설이다는

(金) 의미로부터 '주저하며 결정하지 못하다'는 뜻이 나왔다. 금문에서는 소리부인 우(牛)를 첨가했다.

涉 shè 건널 섭

(甲) 한쪽 발은 앞에, 다른 한 발은 뒤에 놓여 물길을 가로 질러 '건너가는' 모습을 그렸다.

(金)

瀕 (頻) bīn 물가 빈

(金) 한 귀족이 큰 강(두 발이 모두 강가의 한쪽 편에 놓였다) 앞에서 어떻게 건너가야 할지를 고민하며 얼굴을 '찌푸린' 모습을 그렸다.

舟 zhōu 배 주

(甲) 배를 입체적으로 그린 모습이다. 여러 개의 나무판으로 짜서 연결하였고, 선창을 갖춘 '배'의 모습이다.

(金)

朕 zhèn 나 짐

(甲) 배 옆으로 배의 갈라진 판 사이의 틈을 메우기 위한 도구를 들고 있는 두 손이 그려진 모습이다.

(金) 나중에 일반적인 '틈새'로 의미가 확장되었고, 다시 1인칭 대명사로 사용되었다.

凡 fán 무릇 범

(甲) 베로 만든 '돛'을 말한다. 돛을 만드는 데 사용되는 일반적인 재료가 베였기에 나중에 의미부로 베를 뜻하는 건(巾)이 더해져 범(帆: 돛)이 되었다.

造 zào 지을 조

(金) 집에 배가 한 척 있는 모습이다. 이 글자의 창제의미는 조선소에서 나왔을 것이다. 배가 완성되면 물속으로 들어가 항해를 하게 된다. 이후 소리부인 고(告)자가 더해졌고, 다양한 자형으로 변하였다.

興 xīng 일 흥

(甲) 네 개의 손이 앞뒤로 놓여 멜대나 들것을 들어 올리는 모습이다. 이 글자가 표현하고자 한 초점은 들어 올리는 것에 있기

(金) 때문에 '들어 올리다', '일어나다'는 모든 동작과 상황 등을 표현하는데 사용되었다.

輿 yú 수레 여

(甲) 네 개의 손이 앞뒤에서 어떤 중간 축 위에 원형으로 된 들것을 들어 올리는 모습을 그렸다. 원래는 들것 위에 놓인 '좌석'을 가리켰는데, 나중에 바퀴가 달린 수레의 '좌석'을 의미하는 것으로 의미가 확장되었다.

與 yǔ 줄 여

(甲)(篆) 네 개의 손으로 밧줄을 양쪽 끝에서 엉키게 하거나, 젖은 천을 말아서 물기를 짜내는 모습을 그렸다. 이로부터 '함께하다'는 의미가 나왔다. 이후 아래쪽에 공간을 메우기 위한 구(口)가 추가되었다.

登 dēng 오를 등

(甲) 두 손으로 낮은 의자를 잡고 한 발짝씩 올라가는 모습이다. 이는 고대에

(金) 수레를 타는 동작인데, 이후 '높이 오르다'는 뜻으로 사용되었다.

車 chē/jū 수레 차/거

(甲) 수레를 그렸는데, 두 개의 바퀴, 한 대의 좌석, 한 개의 끌채, 한 개의 가름대, 끌채 위에 놓인 두 개의 멍에,

(篆) 그리고 두 줄의 말고삐로 그려졌다. 이후에 덜 중요한 부분은 생략되었고, 마지막에는 바퀴의 모양 하나만 남았다.

輦 niǎn 손수레 련

(金) 금문에서 두 사람이 두 손을 들어 바퀴가 달린 손수레를 밀고 가는 모습이다. 이러한 수레는 많은 사람들을 동원해야 밀고 갈 수 있었기에 함께 내는 구령이 장관이었다.

(篆) 또한 이러한 수레는 왕들이 일상적으로 타던 탈것이었다. 반(㚘: 함께 가다)은 련(輦)자에서 분리해 나온 글자이다.

陳 chén 늘어놓을 진

敶 chén 벌리다 진

金

부(阜)와 동(東)과 복(攴)의 세 부분으로 구성되었다. 한 손에 몽둥이를 잡고 비탈길의 포대기를 치고 있는 모습이다. 이것은 수재를 방지하기 위해 강둑을 쌓는 건축 공사를 상징한다(모래주머니를 두드려 속이 단단하게 차도록 했다).

向 xiàng 향할 향

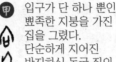

입구가 단 하나 뿐인 뾰족한 지붕을 가진 집을 그렸다. 단순하게 지어진 반지하식 동굴 집의 경우, 입구가 하나만 있고 다른 통풍구는 없다. 집의 정면과 집의 방향을 표현했다. 그래서 향(向)에는 '어떤 방향을 향하다'는 뜻이 있게 되었다.

宀 mián 집 면

벽과 지붕이 있는 집의 모습이다. 나중에 '집'을 상징하는 의미부로 많이 사용되었다.

宮 gōng 집 궁

갑골문에 두 종류의 자형이 존재한다. 몇 가지 가옥이 다른 형식의 칸막이가 있음을 나타내었고, 집을 상징하는 부호가 더해졌다. 가옥은 최초에 한두 사람을 수용하여 비바람을 막고 잠시 쉬는 곳이었다. 이후에 가옥의 면적이 커지면서 경사진 처마지붕이 있게 되었고, 더 이상 비로 인한 걱정을 할 필요가 없게 되었다.

享 xiǎng 누릴 향

경사진 처마가 있는 건물이 지면 위의 기단 위에 세워진 모습이다. 이렇게 기단을 쌓는 방식으로 신을 모시는 제단 건물이 만들어진다.

高 gāo 높을 고

향(享)에서 분화한 글자로, 기단 위로 우뚝 솟은 건물을 그렸다. 이러한 건물의 높이는 평범한 집보다 높다. 건물 아래에 그려진 구(口)는 변천 과정에서 생겨난 의미 없는 빈칸일 수도 있다.

京 jīng 서울 경

높이 돌출된 땅 위의 세 줄짜리 나무 말뚝 위에 세워진 경사진 처마를 가진 건물을 그렸다. 줄지는 나무 말뚝 위에 세워진 집은 땅이나 기단 위에 지은 건물보다 높은데, 정치적·종교적 중심지라야 높이 솟은 건축물이 세워질 수 있었으므로, '경성(京城: 서울)'이라는 뜻이 나왔다.

臺 tái 돈대 대

향(享)자 하나가 또 다른 향(享)자 위에 중첩된 모양이다. 대(臺)는 여러 층으로 된 계단 위에 세워진 건물의 모습이다. 아래쪽의 지(至)는 층계의 모습이거나 건물 앞에 세워진 표시물일 수 있다.

樓 lóu 다락 루

향(享)자가 경(京) 위에 중첩된 모습이다. 자형에 근거해 볼 때, 경(京)자는 고상 건물로, 아래쪽 바닥에 기둥만 있고 나머지는 비워놓은 상태이며, 향(享)은 견실한 기단 위에 세워진 건물을 말한다. 이를 종합하면 이 글자는 2층으로 된 건물을 표현했는데, 바로 루(樓)자를 말한다.

降 jiàng 내릴 강

아래층으로 내려가는 모습을 그렸는데, 두 발이 앞뒤로 놓여 사다리를 타고 계단을 내려가는 모습이다.

陵 líng 큰 언덕 릉

갑골문의 자형을 보면, 한쪽 발을 들어 올리며 사다리를 기어오르는 모습이다. 그래서 '~을 넘다', '능가하다'는 뜻이 생겼다. 금문에서는 사람의 머리에 세 개의 획을 추가하여 물품을 위층으로 옮길 때 물건을 머리에 이어야만 계단을 오르내리는 것이 편리함을 표현했다.

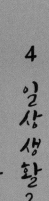

유래를 품은 한자

4 일상생활2

丘
qiū 언덕 구

- (甲) 갑골문을 보면, 왼쪽과 오른쪽의 양쪽에 높은 언덕이 그려졌고 가운데는 물이 흐르는 골짜기의 모습이다.
- (金) 금문에서는 필세가 바뀌어 왼쪽과 오른쪽의 세로로 선 획을 비스듬한 짧은 획으로 바꾼 다음 짧은 가로획이 더해졌다. 이는 한자 자형에서 일상적인 변화이다.

泉
quán 샘 천

- (甲) 갑골문을 보면, 물이 발원지에서 분출되는 모습을 그렸다. 사람들이 강에서 멀리 떨어져 있지만 지형이 낮은 움푹 파인 곳에서 샘을 파면 물이 분출되어 생활에 필요한 용수를 확보할 수 있다는 것을 발견했음을 표현했다.

原
yuán 근원 원

- (金) 금문의 자형에서 '천(泉: 샘)'자보다 획이 하나 더 많게 표현되었는데, 이는 샘물이 발원지에서 흘러나오기 시작함을 나타낸다. 샘물이 솟아나는 지점이 바로 흐르는 물의 발원지가 된다.

井
jǐng 우물 정

- (甲) 갑골문에서는 네 줄의 나무를 쌓아 만든 사각형의 난간을 가진 우물의 모양인데, 고대에 우물을 만들던 방법을 보여준다. 먼저 나무를 흙속으로 넣고 네 줄의 나무 말뚝을 박은 다음 중간 부분의 흙을 파내고 다시 나무에 프레임을 씌운다. 금문에서는 사각형의 난간 속에 둥근 점이 하나 더해진 모습인데, 우물의 입구라는 이미지를 더욱 선명하게 드러냈다.

邑
yì 고을 읍

- (甲) 갑골문은 두 부분으로 구성되었다. 절(卩)은 무릎을 꿇은 사람의 모습인데, 이는 집 안에서만 가능한 앉아 있는 모습이다. 국(口)은 지역의 범위를 나타내는 데 사용된다. 그래서 이 둘이 합쳐진 읍(邑)은 특정 범위 내의 실내 생활을 의미한다.

彔
lù 나무깎을 록

- (甲) 우물에 도르래가 설치되어 있고 두레박에서는 작은 물방울이 튀어 나오는 모습이다. 도르래는 캡스턴(배에서 닻 등 무거운 것을 들어 올리는 밧줄을 감는 실린더)이 있는 기계적인 장치인데, 밧줄을 캡스턴에 통과시켜 두레박을 끌어 올려 물을 긷는다. 자형에서 볼 수 있듯, 두레박이 쉽게 기울어져 물이 잘 담도록 하기 위해 위아래가 좁고 중간의 몸통이 넓도록 그려졌다.

郭
guō 성곽 곽

- (甲) 갑골문의 중간이 사각형 또는 원형으로 된 범위 속에 네 개의 건물이 만들어진 모습이다. 이것은 사각형 또는
- (金) 원형으로 된 성(城)을 표현했으며, 사면의 벽에 성루가 설치되어 주변의 움직임을 관찰하고 감지할 수 있게 했다.

昔
xī 예 석

- (甲) 재(災)와 일(日)의 조합으로 이루어졌다. 재(災)는 많은 물결이 겹쳐져 넘쳐흐르는 모습인데, 강이 범람하여 재앙을 이룬 것을 표현했다.
- (金) 이로써 '재앙'을 나타냈다. 석(昔)에는 '지나간 과거'라는 뜻이 있는데, 옛날에 이러한 재앙이 발생했음을 말한다.

野
yě 들 야

- (甲) 숲을 뜻하는 림(林) 속에 사(土)가 있는 모습이다. 사(土)는 갑골문에서 수컷의 상징이다. 야(野)의 창제의미는 야외의 숲 속에
- (金) 세워놓은 남성의 성기 숭배물일 것으로 추정되며, 이후 소리부인 여(予)가 더해졌다.

軍
jūn 군사 군

金

순(旬)이라는 공간 속에 수레[車]가 놓인 모습이다. '군대'라는 개념은 아마도 지휘관의 전차나 군수물자를 수송하는 우마차의 주위를 무장하여 보호해야한다는 뜻에서 왔을 것이다.

連
lián 잇닿을 련

篆

도로와 수레가 결합한 구조로, 이는 훔쳐가는 것을 막기 위해 수레를 서로 연결해, 도로에 길게 연결된 모습을 하였을 것이다. 이후 서로 연결된 전차 부대라는 뜻에서 '연결'이라는 추상적인 의미가 나온 것으로 보인다.

寇
kòu 도둑 구

甲
金

갑골문에서는 한 강도가 집에서 막대기를 잡고 물건을 마구 부수는 모습인데, 작은 점들은 파손된 물건의 조각들이다. 금문에서는 집에서 몽둥이로 사람을 때리는 형상으로 바뀌었다.

御
yù 어기할 어

甲
金

어(御)에는 두 가지 자형이 있다. 하나는 무릎을 꿇고 있는 사람과 밧줄의 모습으로, 제사장이 소품을 사용하여 재앙을 떨쳐버리는 의식을 나타내었는데, '재앙을 떨쳐내다'라는 뜻이다. 다른 하나는 수직으로 된 작은 획과 그 앞에 무릎을 꿇고 있는 사람인데, 말이 끄는 마차에 앉는 자세를 의미할 것이며, 이로부터 '제어하다'는 뜻이 나온 것으로 추정된다. 이 두 가지 모양은 서로 유사하여 같은 글자로 오인되는 바람에 두 가지의 다른 의미를 갖게 되었다. '어(馭: 말을 부리다)'자는 말을 손으로 '제어하다'는 의미를 나타내었고, 이 때문에 어(御)와 한 글자가 되었다.

---

08 이동/도로와 여행

律
lǜ 법률 률

甲

建
jiàn 세울 건

甲
金

률(律)은 '척(彳: 길)'과 '율(聿: 손으로 붓을 쥔 모습)'의 결합으로 이루어졌다. 도로 건설에는 신중한 계획과 세심한 건설이 필요하다는 의미에서 '규율(規律)'과 '법칙'이라는 뜻이 나왔다. 건(建)은 여기에 발이 하나 더 더해진 모습인데, 그려진 설계도가 사람이 다닐 수 있는 도로의 청사진임을 나타낸다.

直
zhí 곧을 직

甲

金

눈 위에 직선이 더해진 모습이다. 목수는 종종 나무를 앞으로 들어 올려 한쪽 눈을 사용하여 그것이 기울어지지 않았는지를 확인한다. 이로부터 '곧다'는 추상적 의미를 만들어 냈다.

德
dé 덕 덕

甲

金

다니는 길(彳 또는 行)에다 '직(直: 곧다)'이 더해진 글자로, 길을 곧게 만들어 놓으면 말이나 마차가 빨리 다닐 수 있다는 의미를 담았다. 이러한 길을 만드는 것은 칭찬받아야 할 '재덕(才德: 재주와 덕)'이었다. 이후 '심성과 덕행이 높은 것'을 지칭하게 되었는데, 이 때문에 심(心)이나 인(人) 혹은 언(言)이 더해졌다.

得
dé 얻을 득

甲

金

한 손으로 길에서 조개를 집어 든 모습인데, '큰 소득'을 올렸음을 의미한다. 갑골문에서는 '길'이 생략된 모습으로 등장하기도 한다.

舍
shè 집 사

甲

金
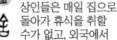

구덩이에 표지판 하나가 꽂힌 모습이다(余는 여관임을 알리는 표지판이다). 상인들은 매일 집으로 돌아가 휴식을 취할 수가 없고, 외국에서 온 사절도 임시로 살 곳이 있어야 하므로, 여행자가 투숙할 수 있는 곳임을 나타내는 표지로 사용되었다.

敘
xù 차례 서

甲

한 손으로 '여(余)' 모양의 표지물을 들고 있는 모습이다. 이 표지가 자신이 자리한 서열의 위치를 나타내며, 보고해야 할 경우에는 이 표지물을 높이 들어야만 했다. 그래서 '서직(敘職)', '전서(銓敘)' 등의 뜻이 있게 되었다.

關
guān 빗장 관

金
篆

관(丱)자는 관(關)자에서 분리해 낸 글자로 추정된다. 빗장을 채워 대문이 이미 잠겼음을 나타낸다.

경성대학교 한국한자연구소
HK+ 한자문명연구사업단 한자총서 04

유래를 품은 한자 一

04 일상생활②
(거주와 이동)

About Characters.

문자학자의 인류학 여행기
▼

허진웅 저

김화영·하영삼 역

도서출판3

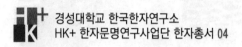

경성대학교 한국한자연구소
HK+ 한자문명연구사업단 한자총서 04

유래를 품은 한자 ❹ 일상생활(2)

저자 허진웅(許進雄)
역자 김화영·하영삼
디자인 김소연
펴낸곳 도서출판3

초판 1쇄 인쇄 2021년 1월 10일
초판 1쇄 발행 2021년 1월 15일

등록번호 제2018-000017호
전화 070-7737-6738
전자우편 3publication@gmail.com

ISBN: 979-11-87746-48-5 (93710)

This work was supported by the Ministry of Education of the Republic of Korea and the National Research Foundation of Korea (NRF-2018S1A6A3A02043693)

유래를 품은 한자

제4권

일상생활 ❷

(거주와 이동)

허진웅 저

김화영·하영삼 역

목차

추천의 글

가장 신뢰할 수 있는 한자학 대중 시리즈

황계방(黃啓方)
(세신대학교 종신명예교수,
전 대만대학교 문과대학 학장, 전 국어일보사 회장)

문자의 발명은 인류사에서 중요한 사건입니다. "옛날 창힐이 문자를 만들자, 하늘에서는 곡식이 비 오듯 내렸고, 귀신은 밤을 새워 울었다."라는 기록처럼(『회남자』), 한자의 창제는 천지를 경동시키고 귀신을 놀라게 할 정도의 충격적인 일이었습니다. 현재 남아 있는 최초의 한자는 거북딱지나 짐승의 뼈에 칼로 새긴 갑골문(甲骨文)입니다.

갑골문은 고대의 매우 귀중한 문화 유물이지만 19세기 말(1899년)이 되어서야 비로소 발견되었습니다. 갑골문의 발견보다 183년 전인 1716년에 편찬된 『강희자전』에는 이미 5만 자 이상의 한자가 수록되어 있었습니다.

한나라 때의 허신(許愼)이 한자의 창제에 대해 '상형(象形), 지사(指事), 회의(會意), 형성(形聲), 전주(轉注), 가차(假借)'의 6가지 원칙으로 요약한 이후, 역대 왕조의 한자 학자들은 이에 근거해 한자의 형체와 독음 및 의미를 설명하기 위해 열심히 노력해 왔습니다.

그러나 한자의 창제와 관련된 문제는 대단히 복잡해, 허신의 6가지 원칙으로 모두를 포괄하여 설명하기는 어려운 게 사실입니다. 그래서 갑골문이 발견된 이후, 그간 이루어졌던 역대 학자들의 해석에 대해 새로운 검증이 이루어졌습니다. 물론 재검증과 새로운 해석의 조건을 갖추기 위해서는 갑골문에 대한 특별한 연구 성과가 필요한데, 허진웅(許進雄) 교수는 오늘날 이 방면에서 가장 뛰어난 학자 중의 한 분입니다.

허진웅 교수의 한자에 대한 예리한 감각은 생각지도 않게 우연히 발견되었습니다. 그는 어느 날 한 서점의 서가에 놓여있던 청나라 학자 왕념손(王念孫)의 『광아소증(廣雅疏證)』을 읽자마자 곧바로 흥미를 느끼기 시작했고, 이를 계기로 한자연구의 세계에 들어서게 되었습니다.

1960년 가을, 허진웅 교수는 국립대만대학의 중문학과에 입학했습니다. 당시 2학년 필수과목이었던 '한자학' 때문에 대부분의 학생들이 골머리를 썩고 있었을 그때, 그는 고학년 과목이었던 '고대 문자학'은 물론 대학원에 개설된 '갑골학(甲骨學)' 과목을 청강하였을 정도였습니다.

당시 대만대학 중문학과에서 이 영역을 강의했던 교수진으로, 이효정(李孝定), 김상항(金祥恆), 대군인(戴君仁), 굴만리(屈萬里) 교수 등이 계셨습니다. 당시 대단한 학자들이셨던 그들 모두가 이 특이한 학생에게 특별한 관심을 기울였습니다. 허진웅 교수의 첫 번째 논문이 「은 복사에 나타난 5가지 제사에 대한 연구(殷卜辭中五種祭祀的研究)」였는데, 이는 갑골문자에 근거해 상 왕조의 의례 시스템을 연구한 것입니다. 그는 동작빈(董作賓) 교수와 일본 학자 시마 쿠니오(島邦男)의 이론에 의문을 제기하고 은상 왕조의 왕위 계승에 관한 새로운 계보를 제안하여, 한자학계를 놀라게 하기도 했습니다. 그런 다음 그는 갑골에 남겨진 드릴링 패턴인 찬조(鑽鑿) 형태를 충분히 분석하여 『갑골문의 찬조 형태 연구(甲骨上鑽鑿型態的研究)』를 완성했습니다. 이는 갑골문자 형성의 기초에 대한 직접적인 논의로, 오늘날 갑골학계에서 그 학술성을 완전히 인정받았습니다. 또한 중국 안양박물관의 갑골문 전시 센터에서 선정한 지난 1백 년 동안 갑골학에 기여한 25명 중의 한 사람으로 뽑히기도 했습니다.

허진웅 교수는 1968년 굴만리(屈萬里) 교수의 추천을 받아, 캐나다 토론토에 있는 로열 온타리오 박물관(Royal Ontario Museum)의 극동부 연구원으로 근무했으며, 그곳에 소장되어 있던 상나라 갑골의 정리 책임자로 일했습니다. 그의 뛰어난 성과로 인해 그는 곧 연구조교, 조교 연구원, 준 연구원 등을 거쳐 연구원으로 승진했습니다. 박물관에서 20년 동안 일하면서 그는 중국 문화유물의 수집 및 전시 활동에도 참여를 많이 하여, 고대의 중국 문물에 직접 접촉할 수 있는 풍부하고도 실제적인 경험을 가질 수 있었습니다. 이러한 경력은 그로 하여금 중국문자학과 중국 고대사회연구에 큰 장점을 발휘하게 하였으며, 한자학과 고대사회연구를 서로 보완하여 더욱 훌륭한 성과를 낼 수 있게 하였습니다.

고대한자를 이야기하면서, 고대사회와 고대 문화유적에 대한 연구에 뿌리가 없어서는 안 될 것입니다. 허진웅 교수는 고대한자에 대한 정확한 분석, 고대한자의 원시의미와 그것의 변화에 대한 해석 등에서 방대한 증거와 논증을 동원하여, 근거를 가진 매우 창의적인 해석을 해왔습니다. 한번은 허진웅 교수가 이렇게 설명한 적이 있습니다. "대문구(大汶口)에서 출토된 상아로 만든 빗을 소개할 때, 갑골문의 희(姬)자를 들어서 헤어 액세서리와 귀족의 신분 관계에 대해 이야기했었습니다. 또 동주 왕조의 연꽃 꽃잎 모양의 뚜껑이 달린 청동 호리병에 대해 이야기하면서 뚜껑의 술 거르는 필터가 특수하게 설계되었음을 언급했었습니다. 그런가 하면 금(金)나라의 나무로 조각된 채색 관세음보살상을 소개하면서 관세음보살의 전설과 신앙을 소개하기도 했습니다."

그는 또 미(微)자에 대해 갑골문, 양주 시대의 금문, 진나라 때의 소전으로부터 현대의 해서에 이르기까지의 자형 변화에 근거하고, 또 "미(微)는 희미하다, 몰래 가다는 뜻이다(微, 眇也, 隱行也.)"라는 『설문해자』의 해설에 담긴 의미를 다시 해석하여, 사람들의 의표를 찌르는 전혀 예상치 못한 의견을 제시했습니다. 즉 "미(微)는 맹인이나 힘이 약한 노인을 살해하던 고대의 장례 관습을 반영했으며", 이런 장례 관습은 근세에 이르기까지도 일본에 여전히 존재했다고 했습니다. 유명한 「나라야마 부시코(楢山節考)」는 이러한 관습을 탐구한 일본 영화입니다. 허진웅 교수의 논리적인 설명은 갑골문과 고대사회사 연구에서 그의 독창성과 정교한 견해를 잘 보여준다 하겠습니다. 그의 책을 읽은 독자들은 감탄이 저절로 나올 것입니다.

허진웅 교수는 대학에서의 강의는 물론 각종 웹 사이트에 연재한 기사 모두 상당히 큰 인기를 끌었습니다. 그의 친구인 양혜남(楊惠南) 교수가 인터넷에서 '은허검객(殷墟劍客, Yinxu Swordsman)'이라는 필명으로 '은허서권(殷墟書卷, Yinxu Book Scroll)'이라는 블로그를 개설하도록 독려했으며, 네티즌의 빗발치는 요구에 따라 133개 한자의 창제의미와 자형 간의 의미를 설명하기도 했습니다. 이러한 글들은 섭렵된 내용이 광범위할 뿐 아니라 또 재미있고 말랑말랑하게 쓴 글이어서 독자들의 큰 반향을 얻었습니다.

　'유래를 품은 한자' 시리즈는 허진웅 교수의 저작 중 가장 특별한 책입니다. 그 이유 중 첫 번째는 이 총서가 체계성을 가지고 전체적으로 설계되었기도 하고 또 동물, 전쟁과 형벌, 일상생활, 기물 제작, 인생과 신앙 편 등으로 나뉘어져 있어 독자들이 주제별로 고대한자와 고대사회의 삶의 관계를 이해할 수 있기 때문입니다. 두 번째는 이 책이 국내에서는 대중들을 위해 중국의 철학, 인류학 및 사회학 연구를 융합한 최초의 한자학 총서이기 때문입니다. 세 번째는 허진웅 교수가 국내외의 존경받는 한자학자임에도 불구하고, 세상과 단절된 상아탑의 강의실에서 벗어나 독자들에게로 다가갈 수 있게 간략하면서도 흥미롭게 한자를 기술하였기 때문입니다. 이 시리즈는 엄격한 학문적 연구와 텍스트 연구를 통한 결과물이며, 고상함과 통속성이라는 두 가지 토끼를 모두 잡을 수 있도록 해주고 있습니다. 이 저작을 통해 한자에 대한 흥미로운 면면을 다시 인식하게 만들 것이라 믿습니다.

　아울러 허진웅 교수의 학문적 성취와 업적들을 모든 독자들이 신뢰할 수 있을 것이라 확신합니다.

추천의 글

수많은 이야기를 담은 한자,
『유래를 품은 한자』에서 그 이야기들을 가장 깊고 넓게 풀어내다!

하대안(何大安)
(대만중앙연구원 원사, 언어학연구소 전 소장)

저는 『유래를 품은 한자』를 읽은 소감을 두 문장으로 요약하고자 합니다. 첫 번째 문장은 '한자는 수많은 이야기를 담고 있다.'입니다.

이렇게 말할 수 있는 이유가 뭘까요? 한자의 특색에서 그 대답을 찾을 수 있을 것입니다. 혹자는 문자가 그림문자에서 표의문자로 발전하며, 다시 표의문자에서 표음문자로 발전한다고 주장합니다. 이렇게 '그림에서 시작하여 음성으로 끝난다.'라는 견해는 일부 표음문자의 발전과정이라 해석할 수 있는데, 그것은 말을 음성으로 내뱉는 것에서 그 근원을 두고 있습니다. 그러나 이 문자에 내재된 정보의 질과 양으로 따지자면, 이러한 문자는 '소리'와 그 '소리'로 인해 우연히 생기는 연상 외에는 아무 것도 없습니다. 문자는 극도로 발전하면 절대적인 부호가 되어, 어떠한 문화도 담지 않은 깨끗한 상태와 순수 이성의 기호체계가 됩니다. 이러한 문자에는 문화가 축적된 모든 흔적이 없어졌고, 문명의 창조에서 가장 귀중한 정수인 인문성도 사라졌습니다. 이는 옥을 포장하기 위해 만든 나무상자만 사고 그 속의 옥은 돌려준다는 매독환주(買櫝還珠)와 다를 바 없어, 매우 안타까운 일이 아닐 수 없습니다.

다행스럽게도 한자는 이러한 인문성을 가지고 있으면서, 수천 년 동안 끊임없이 성장하고 발전해왔습니다. 이렇게 '성장하는 인문정신'은 한자의 가장 큰 특징에 그 근원을 두고 있습니다. 이 특징은 독자들이 예상 못한 것일 수 있습니다. 바로 '사각형 속의 한자'입니다.

한자는 네모난 글자입니다. 지금으로부터 4~5천 년 전 반파(半坡), 유만(柳灣), 대문구(大汶口) 등 유적지에서 발견된 한자의 최초 형태라고 인정된 부호들을 보아도 이미 가로세로에 순서가 있으며 크기도 거의 비슷한 '네모난 글자'였습니다. '네모'났기 때문에 이들과 다른 그림문자, 예를 들면 고대 이집트 문자와는 처음부터 전혀 다른 발전 경로를 걷게 되었습니다. 이집트 문자는 '한 장의 그림으로 된' 표현들입니다. '한 장에서 하나의 그림을 구성하는 각각의 구성성분들은 명확하게 독립된 지위가 없으며, 단순한 부속품으로 존재할 뿐입니다. 한자의 '사각형'은 원시 그림의 구성성분들을 추상화시켜 독립하여 나온 것입니다. 하나의 네모난 글자는 독립된 개념을 나타내며, 서술의 기본 단위가 됩니다. 고대 이집트 문자의 구성성분에서 최종적으로 '단어'가 된 것은 매우 드물며, 대부분 의미가 없는 음표 기호가 되었습니다. 한자에서 각각의 네모는 모두 독립된 '단어'가 되었으며, 자기만의 생명력과 역사성을 지닙니다. 그러므로 '사각형'은 '그림'을 추상화시킨 결과입니다. '구상'에서 '추상'으로, '형상적 사유'에서 '개념적 사유'로의 발전은 문명을 더욱 높은 경지까지 끌어올리는 것이며, 인문정신을 널리 펼치는 것입니다.

그래서 한자의 숫자는 가장 기본적인 개념의 숫자와 동일합니다. 이것이 '한자에 이야기가 많다.'고 말한 첫 번째 이유입니다. 한자의 전승은 수천 년 동안 가차와 파생을 거쳐 다양한 개념과 의미, 사용 과정에서의 변화를 만들어냈습니다. 그리하여 각각의 글자에 모두 자신만의 변천사를 가지고 있습니다. 이것이 '한자에 이야기가 많다.'고 말한 두 번째 이유입니다.

세 번째 '많음'은 누가 말한 이야기인지와 관련 있습니다. 조설근(曹雪芹)이 말한 『홍루몽(紅樓夢)』에는 이야기가 많습니다. 포송령(蒲松齡)이 말한 『요재지이(聊齋志異)』에도 이야기가 많습니다. 한자는 문화의 역사를 반영하고 있습니다. 성곽이나 도읍과 관련된 것들은 고고학자가 말할 수 있고, 종이나 솥이나 제기와 관련된 것들은 대장장이가 말할 수 있으며, 새와 들짐승과 벌레와 물고기와 관련된 것들은 생물학자가 말할 수 있으며, 생로병사와 점복과 제사와 예악과 교화와 관련된 것들은 의사나 민속학자나 철학자들이 말할 수 있습니다. 그러나 수많은 한자를 모아 하나의 체계를 완성하고 정밀함을 다하며, 한자에 담긴 수많은 이야기들을 풀어낼 수 있는 사람은 누구일까요? 제가 읽었던 비슷한 작품 중에서 『유래를 품은 한자』의 저자인 허진웅 교수만이 그렇게 할 수 있을 것입니다. 그러므로 제가 말하고 싶은 두 번째 문장은 다음과 같습니다. '『유래를 품은 한자』에서 옛 이야기들을 가장 깊고 넓게 풀어내고 있다.'고 말입니다.

추천의 글

이 책은 한자문화의 유전자은행이다.

임세인(林世仁)
(아동문학작가)

십여 년 전, 제가 갑골문의 탄생에 흥미를 가졌을 때, 세 권의 책이 저를 가장 놀라게 하였습니다. 출판 순서에 따라 나열하면, 허진웅 교수의 『중국고대사회(中國古代社會)』, 세실리아 링퀴비스트(Cecilia Lindqvist)의 『한자왕국(漢字王國)』(대만에서는 『한자 이야기[漢字的故事]』로 이름을 바꿨다. 한국어 번역본, 김하림.하영삼 옮김, 청년사, 2002), 당낙(唐諾)의 『문자 이야기[文字的故事]』입니다. 이 세 권의 책은 각각 고유한 방향을 제시하고 있습니다. 즉 『중국고대사회』는 갑골문과 인류학을 결합시켜 '한자그룹'을 통해 고대 사회의 문화적 양상을 구성해내었습니다. 『한자왕국』은 갑골문과 이미지를 결합시키고 사진과 영상과의 대비를 통해 한자의 창의성에 감탄하게 만들었습니다. 『문자 이야기』는 갑골문과 에세이를 결합시켜 한자학을 문학적 감각으로 물들여 놓았습니다.

십여 년 동안, 중국과 대만에서는 『설문해자』의 각종 신판본이 쏟아져 나왔습니다. 그러나 사실 이들은 옛 내용을 새롭게 편집한 것이거나 『한자왕국』이 개척한 길 위에 몰려있는 것이 대부분입니다. 『문자 이야기』의 경우, 장대춘(張大春)의 『몇 글자를 알아보자[認得幾個字]』 등과 같은 몇몇 아류작들이 있지만, 『중국고대사회』는 아직까지 이와 비슷한 저작이 나온 적이 없습니다. 어째서일까요? 이 책은 문자학의 범주에서 벗어나 인류학과 고고학을 결합시키고 여기에다 문헌과 기물과 고고학 자료들로 보충하여, 이미 일반인들이 쉽게 따라할 수 있는 수준이 아니었기 때문입니다.

이번에 허진웅 교수는 관점을 새로이 바꿔, 직접 한자 자체를 주인공으로 한 『유래를 품은 한자』 시리즈를 통해 독자와 다시 만납니다. 일곱 권이 한 세트로 된 이번 시리즈는 '한 권이 하나의 주제'로 되어 있으며, 독자를 '각 글자들이 담고 있는 세계'로 데려다 주어 옛 사람들이 글자를 만든 지혜를 보고 한자 뒤에 숨겨진 문화의 빛을 보게 합니다.

옛 사람들은 글자를 만들면서 그 글자에 대한 설명을 남기지 않았기 때문에, 후대 사람들은 글자를 보고 각자의 능력에 따라 그 어원을 되짚을 수밖에 없었습니다. 허진웅 교수의 장점은 일찍이 박물관에 재직하면서 갑골을 직접 정리하고 탁본한 경험을 가지고 있다는 점입니다. 이로 인해, 그는 고서를 통해서 옛것을 고증하는 일반 문자학자의 훈고학 틀을 벗어날 수 있었습니다. 또한 그는 박물관에서 넓힌 시야를 통해, 신중하게 증거를 찾는 능력과 대담하게 가정하는 용기를 갖게 되었습니다. 이 부분이 제가 가장 존경하는 부분입니다.

예를 들어, 그는 갑골을 불로 지지기 위해 판 홈인 찬조 형태를 가지고 복사의 시기를 알아내었고, 갑골문과 쟁기의 재질을 통해 상나라 때 이미 소로 밭을 가는 우경이 이루어졌음을 밝혀내었습니다. 또 기후의 변화로 인해 코끼리나 코뿔소나 해태와 같은 동물들이 중국에서 자취를 감추게 된 원인도 해석하였습니다. 거(去, 夵)자를 '대변을 보는 것'에서 영감을 얻어 만들었다고 해석한 것은 사람들의 눈을 번쩍 뜨이게 하는 부분입니다. 그래서 이 시리즈는 진부한 말들을 나열한 것이 아니라 '허진웅 교수만의 특색'

이 담긴 책인 것입니다.

한자학을 모른다 해도, 갑골문을 보면 흥미가 일어납니다. 사람이 성장하듯 한자도 성장합니다. 성장한 한자는 어릴 때와는 많이 다릅니다. 예를 들어, 위(爲)자는 원래 사람이 코끼리의 코를 끌고 있는 모습(🐘)으로, '하다'라는 뜻을 가지고 있습니다(나무를 옮기러 가야 했을 것입니다). 축(畜: 가축)자는 의외로 동물의 창자와 위의 모습(🔗)인데, 우리가 평소에 먹는 내장은 모두 가축으로 기른 동물에서 나온 것이기 때문에 이런 뜻을 갖게 되었습니다. 금문에서 함(函, 🏹)자는 밀봉한 주머니에 화살을 거꾸로 넣은 모습이기에, 이로써 '포함하다'라는 의미가 생겼습니다. 이러한 것들은 사람들에게 '한자의 어린 시절을 보는'듯하여 놀랍고도 기쁜 마음과 큰 깨달음을 안겨 줍니다.

이 시리즈에 수록된 모든 한자들에는 갑골문이나 금문의 자형들이 나열되어 있어, 마치 한자의 그림판을 보는 것 같습니다. 예를 들어 록(鹿)자는 한 무리가 줄지어 서 있는 모습인데 보기만 해도 정말 귀엽습니다. 또 어떤 글자는 해서체는 익숙하지 않다 해도, 갑골문이 상당히 흥미로운 경우가 있습니다. 바로 공(龏)자가 그렇습니다. 이 글자는 거의 아는 사람이 없을 것입니다. 그런데 이 글자의 금문 자형을 보면 '두 손으로 용을 받쳐 들고 있는 모습'으로 신비롭고 환상적이기까지 합니다. 이러한 글자들이 많기 때문에, 이들의 갑골문을 보는 것만으로도 독특한 경험이 될 것입니다.

저도 최근 몇 년 동안 흥미로운 한자들을 정리하여 어린 독자들에게 소개하기 시작했습니다. 언제나 제 책상머리에 있는 책이 바로 허진웅 교수의 책이었습니다. 비록 어떤 뜻풀이에 관한 지식이 저에게는 '흰 것은 종이요, 검은 것은 글자'처럼 어렵기도 하지만, 글자를 만드는 창의성과 그 속에 내포된 문화를 보는 재미를 방해하진 못했습니다.

한자는 중국문화의 유전자로,『유래를 품은 한자』시리즈는 대중을 향한 유전자은행이라고 할 만합니다. 일찍이 진인각(陳寅恪) 선생께서는 "글자 하나를 해석하는 것은 한 편의 문화사를 쓰는 것이다."라고 하였는데, 이 시리즈가 바로 이 말의 발현이자 예시라고 하겠습니다.

서문

한자의 변화에는 관찰할 수 있는 흔적이 숨어 있다.
한자의 융통성과 공시성(共時性)

허진웅(許進雄)

저는 캐나다의 로열 온타리오 박물관에서 은퇴한 후 대만으로 다시 돌아와 대학의 중국학과에서 강의를 했는데 사실은 이미 정규직을 은퇴한 상태였습니다. 원래는 먹고 노는 재밋거리로 시작하였기에 아무런 스트레스도 없었습니다. 그런데 저의 친구인 황계방(黃啟方) 교수가 뜻하지도 않게 필자를 『청춘공화국』이라는 잡지에 추천하여 청소년들을 대상으로 한자에 담긴 창의적 생각을 매월 한 편씩의 글로 쓰게 하였습니다. 처음에는 이 일이 매우 간단하고 쉬운 일인 줄 알았습니다. 그러나 몇 편의 글이 나가자 뜻밖에도 풍계미(馮季眉) 회장께서 같은 성격의 대중적인 한자학 총서를 저술하여 고대한자와 관련된 사회적 배경을 범주별로 소개하는 게 어떻겠느냐고 제안했습니다.

필자는 일찍이 『중국고대사회』(한국어 번역판, 홍희 역, 동문선, 1991)를 출판한 적이 있습니다. 이 책도 한자를 관련 주제와 범주로 나누어 고대 중국 사회의 몇몇 현상에 대해 논의하고, 관련 고대 한자를 소개하였기에, 이를 바탕으로 새로운 자료를 추가하고 재편집한다면 대체로 기대에 부응할 수 있을 것이라고 생각했습니다. 그래서 선뜻 동의해버리고 말았습니다. 지금 그 첫 번째 책이 완성되었으므로, 이 기회를 빌려 '한자가 갖고 있는 융통성과 공시성'을 이 책을 읽기 위한 지침으로 활용하고자 합니다.

중국은 아주 이른 시기부터 문자를 가지고 있었습니다. 처음에는 죽간(竹簡)을 일반적인 서사 도구로 사용했는데, 이러한 죽간은 오랜 세월 동안 땅속에서 보존되기가 쉽지 않기에 발견될 때 이미 부식되고 썩어버렸습니다. 그래서 지금 볼 수 있는 것들은 거북이 껍질 또는 짐승의 어깻죽지 뼈에 새겨진 갑골문이나 일부 주조된 청동기에 새겨진 명문들과 같이 모두가 잘 썩지 않는 재료들입니다. 갑골문자가 절대 다수를 차지하였기 때문에 모두 갑골문이라는 이름으로 상 왕조의 문자를 통칭합니다. 상 왕조의 갑골문의 중요성은 하나는 그 시기가 이르다는 것이고, 다른 하나는 수량이 많아서 한자의 창의성을 탐구하는 데 없어서는 안 될 자료라는데 있습니다. 이와 동시에, 그것들은 상 왕실의 점복 기록으로, 상나라 왕 개인은 물론이고 나라를 다스리면서 마주했던 여러 가지 문제를 포함하고 있기에, 상나라 최고 정치 결정과 관련된 진귀한 제1차 사료이기도 합니다.

상 왕조의 갑골문에서 한자의 자형 구조는 그림의 단순화, 필획의 수 또는 구성성분의 배치 등에 제한을 두지 않고 의미의 표현에 중점을 두었습니다. 그래서 자형의 변이체가 다양하게 존재합니다. 예컨대, 물고기를 잡는다는 뜻의 어(魚)자를 갑골문에서는 ❶(물속에서 물고기가 헤엄치는 모습), ❷(낚싯줄로 물고기를 낚는 모습), ❸(그물로 물고기를 잡는 모습) 등 창의적 모습으로 다양하게 표현하고 있습니다.

또 다른 예로는, 출산을 뜻하는 육(毓)(=育)자의 경우, 갑골문에서 두 가지 다른 독창적인 구조가 보입니다. 하나는 임산부가 피를 흘리며 아기를 낳는 모습이고❹, 다른 하나는 아기가 이미 자궁 밖으로 나온 모습(呀, 畚)입니다. 앞의 자형의 경우도 다시 어머니가 머리에 뼈로 만든 비녀를 꽂았는지(盉) 그러지 않았는지(畬)의 구분이 존재합니다. 심지어 자형이 대폭 생략되어 여성이 남성처럼 보이기도 했으며(畬), 심한 경우에는 아이를 낳는 여성을 아예 생략해 버린 경우도 있고, 또 어떤 경우에는 한 손으로 옷을 잡고서 신생아를 감싸는 모습(畬)이 그려지기도 했습니다.

게다가 아기가 자궁 밖으로 미끄러지는 자형의 경우에도 두 가지의 위치 변화가 존재합니다. 그러나 육(毓)(=育)자의 자형에 많은 변화가 있었다고 해도 이 글자가 표현한 창제의미만 이해한다면 이들 이체자에 대한 이해는 충분히 가능합니다.

갑골문은 절대 다수가 칼로 새긴 것이기 때문에, 그 영향을 받아서 둥근 필획은 종종 네모나 다각형의 모양으로 새겨집니다. 이 때문에 그림에 가까운 청동기의 명문만큼 흥미롭지는 않습니다. 예컨대, 어(魚)자의 경우, 초기 금문❺의 자형이 갑골문보다 훨씬 사실적입니다. 상나라 때의 갑골문자는 2백여 년 동안의 상나라 왕실의 점복 기록입니다. 그래서 사용 환경과 장소가 제한적이며 사용 기관도 특정적입니다. 그 때문에 각 시대의 서체 스타일 특성은 비교적 쉽게 이해할 수 있습니다. 그리고 시기 구분에 대한 엄격한 표준도 이미 마련되어 있어, 각각의 갑골 편에 대한 시대를 결정하는 것은 어렵지 않습니다. 이러한 점은 한자의 변화 추이와 제도 및 관습의 진화 등과 같은 다양한 문제를 탐구하는 데 매우 편리하고 유익합니다.

❹   ❺

모든 민족의 언어는 발생에서 지금까지 줄곧 천천히 변화해 왔습니다. 알파벳 체계를 사용하는 문자의 경우, 종종 언어의 변화를 반영하기 위해 철자법을 변경하는 바람에 고대부터 현대에 이르기까지 언어의 여러 단계가 전혀 관계없는 완전히 다른 언어처럼 보이게 되었습니다. 발음의 변화는 개별 어휘에 반영될 뿐만 아니라 때때로 문법 구조를 변화시키기 때문에, 같은 언어 체계의 여러 방언이 의사소통을 할 수 없을 정도로 완전히 다른 경우도 있습니다. 그래서 특별한 훈련 없이는 1백년만 지난 문자라 해도 전혀 이해할 수가 없습니다. 그러나 중국의 한자는 글자와 어휘의 발음과 외형이 크게 바뀌었지만 수천 년 전의 문서라 하더라도 그것을 읽어내는 것은 어렵지 않습니다. 이것이 한자의 큰 특징 중의 하나입니다. 이러한 특징은 고대의 중국 문화에 관심 있는 사람들에게 큰 편의를 제공해 줍니다.

서구 사회가 알파벳의 길을 택한 것은 분명 그 언어의 본질에 영향을 받았을 것입니다. 서구 언어는 다음절 시스템에 속하여 몇 가지 간단한 음절을 조합하여 다양한 의미의 어휘를 쉽게 만들 수 있습니다. 음절이 많고 가능한 조합이 다양하기 때문에 여러 음절을 사용하여 오해 없이 정확한 의미를 표현할 수 있습니다. 이것이 서구어의 장점이자 편리한 점입니다. 그러나 중국어는 단음절에 치중되어 있어 발화할 수 있는 음절이 제한되어 있습니다. 만약 많은 단음절로 된 음표 기호로써 의미를 표현할 경우 의미가 혼동되는 문제에 직면하기 때문에, 알파벳의 길을 걷지 않고 지금처럼 의미를 표현하는 형태로 자연히 발전할 수밖에 없었습니다.

한자는 음성기호를 사용하여 의미를 나타내지 않기 때문에, 글자의 형체 변화는 언어의 진화와 직접적으로 관련이 없습니다. 예를 들어, 대(大)자를 진(秦)나라 이전 시대에는 /dar/로, 당송 왕조에서는 /dai/로 읽었으며, 오늘날의 표준어에서는 /da/로 읽습니다. 또 목(木)자의 경우, 진(秦)나라 이전 시대에는 /mewk/으로 읽었고, 당송 왕조에서는 /muk/으로 읽었으며, 오늘날에는 /mu/로 읽습니다.

자형을 보면, 옛날을 뜻하는 석(昔)자의 경우, 갑골문에서는 ❻과 같이 표현했는데, 홍수를 걱정거리로 생각하던 시절이 이미 '지난날'의 일이 되었다는 의미입니다. 상나라 후기에 이르면 홍수를 제어하는 기술이 향상되어 홍수가 더 이상 주요 재난이 아니게 되었으므로, 석(昔)이 이제는 지나가버린 '과거'의 시간대를 표현하는 데 사용되었던 것입니다.

주나라 때의 금문(金文)의 경우에도 ❼처럼 다양한 형상이 표현되고 있습니다. 진(秦)나라에서 한자가 통일되고, 소전(小篆)이 고정된 자형(昔)이 됩니다. 한나라 이후에는 더욱 진일보하게 필세를 바꾸어 예서(隸書)와 해서(楷書) 등이 등장하여 지금의 석(昔)자가 되었습니다.

❻ ❼

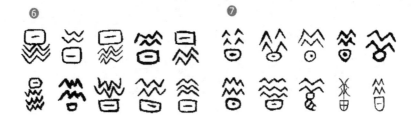

수천 년 동안 한자는 그림과 같은 상형 문자에서 지금처럼의 매우 추상적인 구조로 진화했지만, 자형의 진화는 추적 가능하고 약간의 훈련만으로도 인식해낼 수가 있습니다. 융통성과 공시성은 한자의 가장 큰 특징입니다. 개별 한자에는 수천 년에 걸친 글자 형태에 대한 모든 종류의 변화가 포함되어 있을 뿐만 아니라, 수천 년 동안 각기 다른 시대와 다른 지역에서 존재했던 다양한 독음 정보도 내포되어 있습니다. 약간의 연구만으로, 우리는 상나라 이래로 3천년 이상 이어진 문헌을 읽어낼 수 있습니다. 뿐만 아니라 당(唐)나라에서 그 단어들이 어떻게 발음되었던지 상관없이 그들이 쓴 시를 이해할 수도 있습니다.

마찬가지로, 지역이 다른 방언은 서로 대화할 수는 없었지만, 그 시대의 문자 형상은 일치했기 때문에 글을 써서 서로 소통할 수 있었습니다. 중국은 영토가 넓고, 지역도 종종 큰 산과 강으로 막혀 있으며 민족도 매우 복잡하지만, 공통된 인식을 가지고 있으면서 식별 가능한 그룹으로 융합될 수 있는데, 이러한 특별한 언어적 특성이 중요한 요소인 건 분명합니다. 한자는 겉보기에는 매우 복잡하여 배우기 어려워 보이지만 실제로 한자를 만들 때는 일정한 규칙이 존재하여 유추가 가능하고 일관된 논리를 가지고 있으므로 억지로 외울 필요가 없습니다. 특히 한자의 구조는 끊임없이 변화하여 필획은 우아하고 아름다우며 스타일은 독특합니다. 이로 인해, 알파벳 필기 시스템의 문화와 비교할 수 없는 높은 수준의 독특한 서예 예술을 형성하게 되었습니다.

세계의 오래된 고대 문명에서 존재한 표의문자는 그 시대의 사회적 모습을 이해할 수 있게 해줍니다. 이러한 문자들은 회화성이 매우 강하기 때문에 당시에 존재했던 동물과 식물뿐만 아니라 사용된 도구에 대해서도 정보를 제공해줄 수 있습니다. 또한 종종 문자를 만들 당시의 구상과 이를 통해 의미를 표현하고자 했던 사물의 정보를 엿볼 수 있게 해 줍니다. 한 글자의 진화 과정을 추적할 때 때로는 고대 기물의 사용 정황, 풍속과 관습, 중요한 사회 제도, 가치 개념과 수공예의 진보 등과 같은 여러 가지 흔적을 살펴볼 수 있습니다. 서구의 초기 문자에서는 음절로 언어를 표현하는데 치중했기 때문에 이미지로 표현한 글자가 매우 적습니다. 이 때문에 고대 사회의 동태를 탐구하는 데 사용할 수 있는 자료가 거의 없습니다. 그러나 중국의 경우 언어의 주체가 단음절이므로 동음어 간의 혼동을 피하기 위해 형상을 통해 추상적인 개념을 표현했고, 생활의 경험과 연관성을 사용하여 문자를 만들었습니다. 이 때문에 한 글자의 창제의미를 이해하기만 하면 글자 창조 당시의 사회적 배경과 삶의 경험을 상당 부분 이해할 수 있습니다.

제1부

거주환경

고대 사람들의 생활에서 가장 중요한 일은 낮에 먹이를 찾아다니며 배고픔을 면하고, 밤에는 안전한 곳에서 잠을 자는 것이었다. 그밖에 생활에 물이 없어서는 안 되기 때문에 음식과 물을 얻기 쉬운 곳을 선택해야만 했다.

취수가 용이한 곳은 물론 하천 인근이지만, 물의 양은 계절과 밀접한 관계가 있어 격차가 20~30미터에 이를 때도 있었다. 장마철 폭우로 인한 피해를 피하기 위해 고대 사람들은 지대가 높고 수해를 피할 수 있는 장소를 택해 살았다.

초기의 인류는 아직 집을 지을 능력이 없었기 때문에, 수원에 가깝고 지대가 높은 자연동굴을 골라 살았다. 이후에 인구가 늘고 농업도 서서히 발전하기 시작하면서 경작지를 확충해야 할 때, 하천의 양옆에 있는 높은 언덕으로 옮겨야 했다. 그러나 자연동굴 없이 은신할 수 있게 되자 사람들은 직접 자신의 집을 짓기 시작했다.

언덕 구

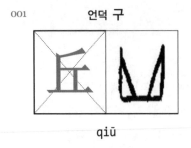

qiū

갑골문에서 구(丘)자❶는 왼쪽과 오른쪽의 양쪽에 높은 언덕이 그려 졌고 가운데는 물이 흐르는 골짜기 의 모습이다. 금문❷의 자형에서는 쓰는 법이 바뀌어 좌우 양쪽의 수 직으로 그려진 획을 비스듬한 짧은 획으로 바꾸었다(🏛).

그런 다음 그 아래에 짧은 가로획이 또 더해졌다(🏛). 이는 문자의 변 화과정에서 볼 수 있는 일상적인 모습이다.

대체로 자형이 산언덕의 모습처럼 변하지 않았기 때문에, 아래 부분에 토(土)자를 또 더함으로써 산언덕이 흙이 쌓인 지형(🏛)이라는 것을 보조적 으로 설명하였거나, 혹은 다시 🏛로 자형이 바뀌기도 했다.

❶

❷

『설문해자』에서는 구(丘)에 대해 이렇게 풀이했다.

"구(丘)는 흙으로 된 높은 지대를 말하는데, 사람이 인위적으로 만든 것이 아니다. 북(北)으로 구성되었고, 또 일(一)로 구성되었다. 일(一)은 땅을 의미한다. 사람이 언덕의 남쪽에 거주하였으므로, 북(北)자로 뜻을 표시하였다. 중국은 곤륜산의 동남쪽에 집거하였다. 달리 사방은 높으나 중앙이 낮은 곳을 구(丘)라 부르기도 한다. 상형이다. 구(丘)로 구성된 글자들은 모두 구(丘)가 의미부이다. 구(𡉚)는 구(丘)의 고문체이다. 토(土)로 구성되었다."(𠅣, 土之高也, 非人所為也. 从北从一. 一, 地也. 人尻在丘南故从北. 中邦之尻在昆侖東南. 一曰四方高中央下為丘. 象形. 凡丘之屬皆从丘. 𡉚, 古文丘. 从土.)

자형이 북(北)처럼 바뀌었기 때문에 사람이 언덕의 남쪽에 살고 있다고 해석하였다. 그런데 남쪽에 거주한다고 하면서 왜 북(北)자를 써서 구(丘)자를 만든 것일까? 다행히 갑골문에 자형이 있어, 이 글자의 최초의 자형이 '사방은 높으나 중앙이 낮은 곳'이라는 의미에서 비롯되었다는 것을 알 수 있다.

초기의 사람들이 활동하던 지점은 항상 산언덕이었다. 그러나 역사 시기로 접어들면서, 대부분의 사람들은 평지로 옮겨와 살게 되었다. 하지만 여전히 산언덕에서 거주하는 사람들은 그 거주하는 곳의 명칭을 따서 오구(吾丘), 양구(梁丘), 우구(虞丘), 상구(商丘) 등과 같이 씨족의 명칭으로 삼았다.

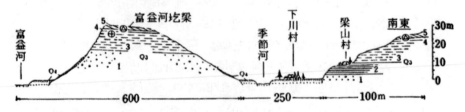

구석기 유적지[富益河圪梁]는 산 위에 있으나, 이후의 주거지는 산비탈[梁山村]과
평지[下川村]에 있다.

002 샘 천

quán

인구의 증가로 인해, 일부 사람들은 쉽게 물을 얻을 수 있는 지점을 떠나 강에서 떨어진 곳으로 이주해 촌락을 만들었다. 그러면서 사람들이 거주하는 지역이 점차 넓어지게 되었다.

사람들이 물의 발원지에서 멀리 떠날 수 있었던 이유는 주로 토기의 발명 때문이었다. 토기는 대량의 물을 담을 수 있기 때문에, 먼 곳에서도 편리하게 물을 떠 올 수 있었다. 그리하여 사람들의 활동범위가 넓어져 더 많은 생활물자를 얻을 수 있게 되었다. 또한 사람들은 강물이 유일한 수원지가 아니라, 하류와 좀 멀리 떨어져 있다 해도 지형이 낮은 움푹 파인 곳에 샘을 파면 물이 분출되어 생활에 필요한 용수를 확보할 수 있다는 사실을 알게 되었다.

갑골문에서 천(泉)자❶는 발원지에서 물이 분출되는 모습을 그렸다.

❶

『설문해자』에서는 천(泉)에 대해 이렇게 풀이했다.

　　"천(泉)은 수원을 말한다. 물이 흘러 나와 강을 이루는 모습이다. 천
　　(泉)으로 구성된 글자들은 모두 천(泉)이 의미부이다."(泉, 水原也. 象
　　水流出成川形. 凡泉之屬皆从泉.)

　　소전의 천(泉)자는 물을 나타내는 작은 점을 생략하여, 물이 흘러 강을
이루는 모습을 정확하게 알 수 없게 바뀌었다.

003 근원 원

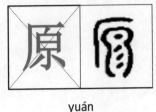

yuán

갑골문에서 볼 수 없는 원(原)자는 금문❶의 자형에서 천(泉)자보다 획이 하나 더 많게 표현되어, 샘물이 발원지에서 흘러나오기 시작한다는 것을 나타내었다. 샘물이 솟아나는 지점이 바로 흐르는 물의 발원지가 된다.

『설문해자』에서는 원(原)에 대해 이렇게 풀이했다.

"원(原)은 샘물의 근원을 말한다. 깎아지른 언덕에서 물이 흘러나오는 모습이다. 원(原)은 원(原)의 주문체로, 천(泉)으로 구성되었다."(𤽄, 水本也. 从灥出厂下. 原, 篆文从泉)

세 개의 천(泉)자로 구성된 원(灥)자는 주문체의 모양에서 비롯된 것일 것이다. 주문체는 글자를 반복적으로 쓰는 것이 특징이다. 원(原)자는 발원지가 원래 뜻이나, 이후에 '평원', '들판' 등의 의미에 사용되었다. 또한 원(原)에 물의 부호를 더해 원(源)을 만들어 '물의 발원지'라는 뜻을 나타내면서 원(原)자와 구별하였다.

❶

도랑이 수원을 둘러싸고 있는 곳, 산이 하나 있으면서 강이 여러 개인 곳, 강이 마을과 가까이 있는 곳, 수원 주변으로 푹 들어간 만(灣)이나 튀어 나온 곳[嘴], 샘이나 시내가 옆에 있는 곳, 두 물줄기가 교차하여 만나는 곳, 강이 만이나 곳과 가까이 있는 곳, 산기슭에 도랑으로 둘러싸인 곳, 못이 옆에 있고 개천이 가까이 있는 곳 등 6천 년 전 신석기 유적지의 촌락의 유형들은 모두 물을 얻기 편리한 곳에 있어, 당시 이미 산언덕이나 대지에 살던 초기의 생활 형태가 아니었음을 보여주고 있다.

004 **우물 정**

jing

샘물은 길어와 사용하지 않으면 빠져나간다. 그래서 일단 물을 찾는 사람이 많아진다면 반드시 샘물을 남길 방법을 찾아야 한다.

사람들은 땅 밑에 물이 있다는 것을 알게 되자, 우물을 파서 샘물을 오래도록 보존하고 수시로 물을 대량으로 구하였다. 심지어 샘물이 보이지 않는 곳에서는 땅 밑을 파서 수원을 발견하기도 하였다. 이렇게 되자, 사람들이 거주할 수 있는 범위가 더욱 넓어지게 되었다.

갑골문에서 정(井)자❶는 네 줄의 나무를 쌓아 만든 사각형의 난간을 가진 우물의 모양이다.

발굴된 고대의 우물 유적지를 살펴보면, 그 당시에 어떻게 우물을 만들었는지를 알 수 있다. 먼저 나무를 흙 속으로 넣고 네 줄의 나무 말뚝을 박은 다음, 중간 부분의 흙을 파내고 다시 나무에 프레임을 씌운다. 이는 나중에 나무 말뚝이 안쪽으로 쓰러져 우물 안의 샘이 솟아나는 구멍을 막는 것을 방지하기 위함이다. 이렇게 해서 점점 깊이 파고 들어가면 우물이 된다.

❶

井 井 井 井

금문❷의 자형은 사각형의 난간 속에 둥근 점이 하나 더해진 모습인데, 우물의 입구라는 이미지를 더욱 선명하게 드러냈다.

　　『설문해자』에서는 정(井)에 대해 이렇게 풀이했다.

> "여덟 가구가 하나의 우물을 사용한다. 통나무로 쌓은 구조물의 모습이다. ●은 두레박을 그렸다. 옛날에 백익(伯益)이 처음으로 우물을 만들었다. 정(井)으로 구성된 글자들은 모두 정(井)이 의미부이다."(丼, 八家一井. 象構韓形. ●, 罋象也. 古者伯益初作井. 凡井之屬皆从井.)

　　허신은 둥근 점이 물을 긷는데 사용하는 토기로 만든 항아리를 닮았다고 해석했으나, 이는 우물의 입구 혹은 의미 없이 빈 공간을 메운 것을 표시한 것이다.

❷

井 井 井 井 片
井 井 井 井 井

우물을 알고 나서, 사람들이 수원을 이용하는 능력도 더욱 향상되어, 하천에서 멀리 떨어진 저지대에서도 수원을 찾아 마을을 세울 수 있게 되었다. 그런데 우물을 파는 공사는 한 가구가 단독으로 할 수 있는 것이 아니라 여러 가구가 공동으로 발굴해서 사용해야 한다. 그래서 몇몇 가구가 모여 마을을 이루고 또 점차 성읍으로 규모가 커졌을 때, 관리와 세금 징수의 편리를 위해, 한 우물을 공동으로 사용하는 여러 가구가 행정관리 조직의 최소 단위가 되었다. 이로부터 최소의 행정단위에서부터 더욱 큰 린(鄰: 다섯 가구), 리(里), 향(鄕), 진(鎭)으로 다시 조직되었다.

비교적 규모가 큰 행정단위는 또 다시 편성할 수 있지만, 정(井)이라는 이 최소단위는 더 이상 나눌 수 없기 때문에, 『역경·정(井)』에 "읍은 바꿀 수 있지만 정은 바꿀 수 없다.(改邑不改井)"라는 표현이 있다.

005　나무 깎을 록

录

lù

인구가 증가할수록 우물의 수도 많아졌다. 그러니 자연히 수위가 낮아지면서 충분히 깊이 파야 지하수층에 도달할 수 있었다.

『사기·하거서(河渠書)』에는 한나라 무제(武帝) 때 물을 얻기 위해 40여 장(132미터 정도)까지 우물을 팠다고 기록되어 있다. 우물이 너무 깊으면 물을 퍼 올리기 힘들기 때문에 기계장치를 사용해야 한다.

　갑골문에서 록(录)자❶는 우물에 도르래가 설치되어 있고 두레박에서는 작은 물방울이 튀어 나오는 모습이다. 도르래는 캡스턴(배에서 닻 등 무거운 것을 들어 올리는 밧줄을 감는 실린더)이 있는 기계적인 장치인데, 밧줄을 캡스턴에 통과시켜 두레박을 끌어 올려 물을 긷는다. 자형에서 볼 수 있듯, 두레박이 쉽게 기울어져 물을 잘 담도록 하기 위해 위아래가 좁고 중간의 몸통이 넓도록 그려졌다(◆).

❶

금문 ❷의 자형에서 물방울이 많아지고 두레박의 모양이 바뀌었기 때문에, 소전의 자형에서는 본래의 뜻을 알아보기가 더 힘들게 되었다.

『설문해자』에서는 록(彔)에 대해 이렇게 풀이했다.

> "록(彔)은 나무를 조각할 때 떨어지는 나무가루이다. 상형이다. 록(彔)으로 구성된 글자들은 모두 록(彔)이 의미부이다."(彔, 刻木彔彔也. 象形. 凡彔之屬皆从彔.)

허신은 이 글자가 나무를 조각할 때 떨어지는 나무가루라고 해석하였지만, 갑골문의 자형으로 거슬러 올라가보면 『설문해자』의 해석이 틀렸다는 걸 알 수 있다.

도르래는 언제부터 사용되었을까? 기원전 3천2백년의 하모도(河姆渡) 유적지의 발굴보고서에 따르면, 제2문화층에서 발견된 우물에 정자가 있었다. 당시 사람들은 햇빛과 비를 피하기 위해서 정자를 만든 것이 아니라, 우물 옆의 목조 구조물은 도르래를 설치하기 위한 지지대였을 것이 분명하다. 한나라의 우물에서 출토된 부장품들은 굉장히 많은데, 대부분 도르래(다음 쪽 그림)를 달고 있어, 갑골문의 록(彔)자의 형태와 매우 비슷하다.

❷

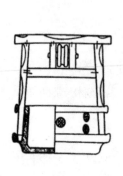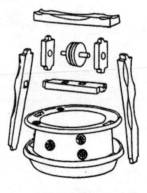

▍한나라 우물의 모형.

006

고을 읍

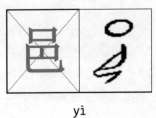

yì

갑골문에서 읍(邑)자❶는 두 개의 구성성분으로 이루어졌다. 첫째, 절 (卩)은 한 사람이 무릎을 꿇고 앉아 있는 모습이다.

이는 집 안에서만 가능한 앉아 있는 모습으로, 집안의 활동을 나타낸다. 둘째, 국(口)은 지역의 범위를 나타내는 데 사용된다. 그래서 이 둘이 합쳐진 읍(邑)은 특정 범위 내의 실내 생활을 의미한다. 이때, 이 범위는 사람들이 일을 하는 들판이 아니라, 마을을 나타낸다.

초기에 이 범위는 종종 눈에 보이는 해자와 같은 인공적인 요새나 강과 같은 자연적인 장벽을 나타내어, 들짐승이나 적의 침입을 막는 데 사용되었다. 금문❷의 자형은 변함이 없다.

『설문해자』에서는 읍(邑)에 대해 이렇게 풀이했다.

"읍(邑)은 나라를 말한다. 국(口)으로 구성되었다. 선왕의 제도에는 공, 후, 백, 자, 남이라는 신분의 귀천이 있어, 이들이 관할하는 영토의 크기도 달랐다. 그래서 절(卩)로 구성되었다. 읍(邑)으로 구성된 글자들은 모두 읍(邑)이 의미부이다."(邑, 國也. 从口. 先王之制, 尊卑有大小. 从 卩. 凡邑之屬皆从邑.)

허신은 성읍의 범위가 '공(公), 후(侯), 백(伯), 자(子), 남(男)'이라는 신분 제도에 따라 구별된다고 해석하였다. 이는 그가 절(卩)이 한 사람이 꿇어앉아 있는 모습을 표현한 것인지 몰랐기 때문이다. 그래서 그는 절(卩)이 도장의 모습이고, 절제의 의미를 가지고 있다고 여겨 이렇게 해석한 것이다.

일반적으로 읍(邑)은 약 100명이 사는 작은 촌락을 말한다. 『설문해자』에서는 이렇게 풀이했다.

"옛날에는 9부(夫)가 1정(井)이고, 4정(井)이 1읍(邑)이며, 4읍(邑)이 1구(丘)였는데, 산언덕[丘]을 허(虛)라고 불렀다."(古者九夫為井, 四井為邑, 四邑為丘, 丘謂之虛.)

1명의 남편[夫]은 한 가족을 대표한다. 한 집에 4식구가 있다면 정(井)에는 36명이 사는 것이고, 읍(邑)에는 144명이 사는 것이니 그 수가 백에 가깝다. 한나라의 『풍속통의(風俗通義)』에 의하면, 8가구이면서 9경(頃)20무(畝)이면 그게 1정(井)이다. 그렇다면 읍(邑)의 대략적인 범위는 36경80무라고 하였다. 1경이 백무이고, 1무가 650제곱미터라고 계산하면, 읍(邑)의 면적은 대략 2.4제곱킬로미터가 된다. 이는 고대에서 규모가 큰 마을인 것이다.

상나라의 갑골복사에는 어느 지역을 읍으로 할까라고 묻는 점사가 있는데, 어느 지역을 촌락으로 만든 다음에 이민을 시켜서 행정영역을 넓히겠다는 계획이다. 이를 통해 읍이 행정의 기본 단위라는 것을 알 수 있다.

6천 년 전 서안(西安)의 반파(半坡) 유적지는 상당히 완벽한 촌락으로, 불규칙적인 원형의 범위가 약 5제곱킬로미터에까지 이른다. 그리고 그 주위에는 너비와 깊이가 각각 5~6미터 정도 되는 해자가 있다. 해자로 둘러싸인 곳은 주거지역이고, 그 밖은 공동묘지와 토기를 굽는 작업장이다. 주거지역은 5백~6백 명을 수용할 수 있을 것으로 예상되는 비교적 큰 취락으로, 여러 읍의 행정단위로 나눌 수 있어, 대체로 후세의 도시의 형태를 갖추었다.

007

성곽 곽

guō

읍의 규모에서 더 확대하면 도시가 된다. 도시는 인구가 집중된 지역 사회로, 지배계급의 정치적·종교적 중심지이다.

이러한 정치와 종교의 중심지는 최고 통치자의 안전을 보장하기 위해 강력한 보호 시설이 필요하다. 흔히 볼 수 있는 보호시설로는 높고 두꺼운 성벽이 있는데, 이를 나타내는 글자가 바로 곽(郭)자이다.

갑골문에서 곽(郭)자❶는 갑골문의 중간이 사각형이나 원형으로 된 범위 속에 4개의 건물이 만들어진 모습이다. 이것은 사각형이나 원형으로 된 성(城)을 표현했으며, 사면의 벽에 성루가 설치되어 주변의 움직임을 관찰하고 감지할 수 있게 했다. 일단 적이 침범한다면, 이 성벽은 아주 훌륭한 보루가 된다.

❶

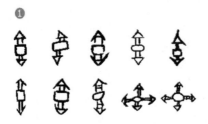

각 민족의 지상건축물이 발전한 추세를 보면, 원형으로 먼저 축조했다가 편의를 위해 사각형으로 바뀐다. 그래서 곽(郭)자의 변천과정을 보면, 먼저 원형의 성벽을 그렸고 벽에는 네 개의 망루가 있는 것으로 판단된다. 그다음에는 사각형의 성벽을 지었고, 사방에는 모두 망루가 있다. 가늘고 좁은 죽간에 쓸 수 없을 정도로 이러한 자형은 지나치게 넓었기에, 동서 양쪽의 망루를 없애고 남북에만 망루가 있는 사각형으로 벽이 둘러쳐져 있는 형태가 되었다.

금문❷의 자형은 글자를 쓰는 습관으로 인해 성의 둘레에 원을 하나 더 추가하여, 원형의 성벽을 회복한 것처럼 보인다.

『설문해자』에서는 곽(郭)에 대해 이렇게 풀이했다.

> "곽(郭)은 지내다는 뜻으로, 백성이 거주하는 곳을 말한다. 회(回)로 구성되어, 성벽이 이중으로 둘러쳐져 있고 두 개의 보루가 서로 대칭을 이루고 있는 모습이다. 혹체에서는 단지 구(口)로만 구성되기도 한다. 곽(𩫏)으로 구성된 글자들은 모두 곽(𩫏)이 의미부이다."(𩫏, 度也, 民所度居也. 从回, 象城𩫏之重·兩亭相對也. 或但从口. 凡𩫏之屬皆从𩫏.)

허신은 이중으로 된 성벽이라고 해석하였다. 후세에 범위가 확대되어 이중으로 된 성벽이 있었던 것은 사실이지만, 곽(郭)자를 만든 최초의 모습은 아니다.

❷

그런데 용(墉)자의 고문자형과 곽(郭)자의 모습이 완전히 똑같다. 『설문해자』에서는 용(墉)에 대해 이렇게 풀이했다.

> "용(墉)은 성벽을 말한다. 토(土)가 의미부이고, 용(庸)이 소리부이다. 용(𩫏)은 용(墉)의 고문체이다."(墉, 城垣也. 从土, 庸聲. 𩫏, 古文墉.)

금문의 명문에도 곽(郭)자로 용(墉)자를 대신하였다. 이로써 곽(郭)자는 성의 주위와 성벽의 의미를 같이 겸하고 있다고 이해할 수 있다. 그런데 한 가지 의문스러운 건 곽(郭)자와 용(墉)자의 음독에 상당한 차이점이 존재한다는 점이다. 그때 파음자(破音字)가 나올 수 있었을까? 혹은 곽(郭)자가 고대에 두 개의 음절로 읽혀, 풍(風)자에 범(凡)과 형(兄)이라는 두 개의 표음형식이 있었던 것과 같이, 고대에 한 글자가 여러 개의 음절로 읽히는 현상이 남아 있는 것일까?(『유래를 품은 한자』 제1권 '동물편', 115쪽의 봉(鳳)자의 소개를 참고.)

고대 사회에서 성벽은 적의 침입을 방어하기 위해 주로 건설되었다. 중국에서는 약 4천 년 전 용산 시대 말기에 성벽이 대량으로 만들어졌다. 일반적으로 전쟁은 경제를 약탈하기 위해서 일어난다. 농경지를 운영하는 사람들은 자신들이 열심히 경작한 성과가 다른 사람에게 빼앗기지 않도록 무력조직을 만들고 방어요새를 구축할 필요가 있었다. 용산문화 말기는 하나라가 건국할 무렵이라는 설이 있을 정도로 계급 구분이 분명하고 전쟁의 규모가 상당히 컸기 때문에, 적의 침입에 대비해 성벽을 쌓았다. 이는 상당히 일리가 있는 견해이나, 심도 있게 논의한다면 그렇지 않을 수도 있다.

현재 중국에서 발견된 초기 성벽은 하남성 정주(鄭州)의 북쪽 교외에 있는 서산(西山) 유적지에서 볼 수 있다. 이는 앙소 묘저구(廟底溝) 유형의 시대에 건설되었고, 진왕채(秦王寨) 유형의 시대에 폐기되었는데, 약 5천3백 년 전에서 4천8백 년 전이다. 역사학자들은 당시 사회가 국가의 형태로 진

입한 것이 아니기 때문에, 적군의 침입에 대비하기 위해 성벽을 축조한 것이 아니라 다른 이유가 있을 수 있다고 여겼다.

고대의 성벽은 호북성 황피반룡성(黃陂盤龍城)의 상나라 성벽과 같이, 성의 안팎에 경사를 쌓아 성벽의 강도를 높였다. 성벽의 경사는 항상 45도 아래인데, 이는 제방의 흔한 형태로써 성벽의 아랫부분이 물에 침식되어 붕괴되는 것을 효과적으로 막을 수 있다. 그러나 이러한 설계는 실제로 적의 침입을 방어하는 데는 매우 불리하다. 일부 성벽을 살펴보면, 내부에는 성을 보호하는 제방이 없지만 외부에는 경사가 40도 미만의 흙과 돌로 만든 제방이 있다. 이러한 성벽들은 모두 홍수에 대비하여 축조되었을 가능성이 크다. 후세에 적을 막기 위한 성벽들은 모두 우뚝 솟고 가파른 모습으로 되어 있다.

하남성 휘현(輝縣)에 있는 공성(共城)의 성벽은 특히 두께가 두꺼운데, 기반을 다질 때 판 구덩이의 너비가 60미터에 달한다. 연구자들은 북쪽에 위치한 태행산(太行山) 홍수의 엄청난 충격에 대비하기 위해 이렇게 두꺼운 성벽을 만든 것으로 보고 있다. 적의 등반을 막기 위해서라면 굳이 이렇게 넓게 만들 필요가 없다. 대우(大禹)의 아버지 곤(鯀)이 물을 틀어막는 방법으로 치수에 실패한 것을, 이후에 대우가 물을 터서 통하게 하는 방법으로 바꾸어 치수에 성공했다는 전설이 있다. 물을 틀어막는 것은 성을 축조하는 방법 및 원리와 비슷하다. 모두 용산 문화 말기에 대량의 성벽을 축조했다는 것을 설명해주고 있는데, 시간, 지리, 기술, 수요의 모든 면에서 홍수의 대비와 밀접한 관계를 가진다.

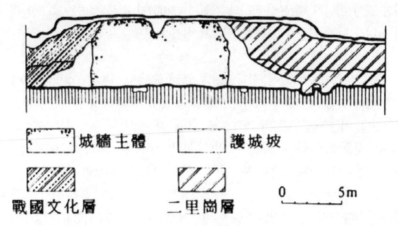

城牆主體　　　護城坡

戰國文化層　　二里崗層

0 ___ 5m

┃상나라 초기, 정주의 성벽 절단면. 안팎으로 성을 보호하는 경사가 모두 높지 않다.

008

예 석

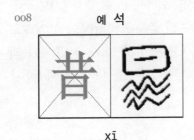

xī

갑골문에서 석(昔)자❶는 재(災)와 일(日)의 조합으로 이루어졌다. 갑골문에서 재(災)자❷는 많은 물결이 겹쳐져 넘쳐흐르는 모습인데, 강이 범람하여 재앙을 이룬 것을 표현했다.

이로써 '재앙'을 나타냈다. 태양의 형상을 그린 일(日)이 재(災)자와 결합하여, 홍수가 우환이 되는 시대를 나타내었다. 일(日)과 재(災)는 갑골문에서 그 글자를 배치할 때 위치적으로 관련이 없기 때문에, 상하로 조합되거나 좌우로 조합되었다.

금문❸에 이르러서는 습관적으로 재(災)를 위에 두고 일(日)을 아래에 두었다. 그러나 물결의 형상이 분리되기 시작하면서(😀), 『설문해자』에서는 석(昔)이 햇빛으로 고기를 말리는 모습을 나타낸다고 오해하였다. 그래서 석(昔)의 의미가 말린 고기라고 하였다. 『설문해자』는 석(昔)자에 대해 이렇게 풀이했다.

"석(昔)은 말린 고기를 말한다. 찢어놓은 고기들을 햇빛으로 말리는 모습이다. 조(俎)와 뜻이 같다. 석(🦴)은 석(昔)의 주문체로, 육(肉)으로 구성되었다."(🦴, 乾肉也. 从殘肉日以晞之. 與俎同意 🦴, 籒文从肉.)

❶   ❷

갑골문에서 석(昔)자는 '지나간 과거'를 의미하고, 또 후세에서도 마른 고기라는 뜻으로 사용하지 않았다. 석(昔)자의 주문체가 육(肉)과 석(昔)으로 구성되었기 때문에, 허신이 이와 같이 해석한 것이 분명하다. 석(昔)자에 '과거'라는 뜻이 있는 것은 홍수가 과거에 발생했다는 것을 나타내기 때문이다. 이러한 정보는 매우 중요한 것이다.

고대 사람들이 산에서 평원으로 이동하는 과정은 길고 힘든 물과의 투쟁이었다. 상나라를 건국한 과정이 그 대표적인 예가 된다. 상 민족은 황하 하류의 충적지에서 살았었다. 황하의 물줄기는 빗물이 모여드는데 제대로 배수를 못해서 늘 범람하였다. 그래서 5천년 이전의 유적지가 거의 발견되지 않는 것이다. 상민족의 건국 과정은 황하의 홍수와 밀접한 관계가 있다고 말할 수 있다. 『사기·은본기(殷本紀)』에 따르면, 상의 시조인 계(契)에서 기원전 1천7백년 경에 탕(湯)이 상나라를 건립하기까지, 모두 8번의 이주가 있었다. 탕(湯)부터 반경(盤庚)이 안양(安陽)에 도읍을 정하기까지 다섯 차례 더 이주를 하였다. 『상서·반경(盤庚)』에서는 "은나라에 큰 재난이 내리니 선왕들께서 마음에 두지 않고 그분들이 하신 바는 백성들의 이익을 돌보시어 도읍을 옮겼다.(殷降大虐, 先王不懷, 厥攸作, 視民利用遷)", "옛 우리 선왕은 전대의 공보다 많고자 산으로 이동하였다.(古我先王, 將多于前功, 適于山.)"라는 기록이 있다. 이는 홍수를 피하기 위하여, 상 민족이 고지대가 있는 산악 지역으로 이동했음을 분명히 반영하고 있는 것이다.

❸

반경은 수도를 안양으로 옮기고 나서 상나라가 멸망할 때까지 2백여 년에 걸쳐 수도를 옮기지 않았다. 그러니까 홍수는 상나라 후기의 사람들에게는 더 이상 우환이 아니라 '과거에 발생한 일'인 것이다.

상나라 후기에 도읍이 된 지 2백년이 넘은 안양이라면, 당연히 적의 침입에 대비하여 튼튼한 성벽을 쌓아야 하는 것이 마땅하다. 그러나 고고학자들이 수 십 년 동안 조사하고 발굴한 바에 따르면, 그 근처에 너비 7~21미터, 깊이 5~10미터에 해당되는 거대한 해자만 보일 뿐, 성벽의 흔적은 끝내 보이지 않았다. 상나라가 주민족의 연합군에 패하고 주왕(紂王)이 불을 질러 자살한 것은 지원군이 오기를 기다릴 만한 견고한 성벽이 없었기 때문일 것이다. 이는 상나라 왕이 안양의 지대가 사방이 높아 심각한 홍수가 없었기에 성을 쌓을 필요가 없다고 판단한 것으로 보인다. 다시 말해, 상나라에서 성벽은 군사적인 용도를 갖추지 못한 것이다.

009

늘어놓을 진

陳 chén

금문에는 후에 진(陳)과 진(敶) 두 글자로 바뀐 글자가 존재한다. 자형❶은 세 부분으로 구성되었다.

첫 번째 구성 요소인 부(阜)자는 본래 비슷한 자형이 2개 있다. 하나는 산(山)으로, 이 글자를 세로로 세워서 옆으로 보는 형태가 ﹗인데, 간략화 시키면 ﹗가 된다. 다른 하나는 사다리로, 실제 그 형태는 ﹗가 되며, 간략화 시키면 ﹗가 된다.

상나라에서 이 두 글자는 그래도 분명하게 구별할 수 있었지만 서주시기 이후로 천천히 뒤섞이기 시작하더니, 산의 모습으로 쓰기도 하고 사다리의 모습으로 쓰기도 했다. 여기에서 부(阜)는 산의 의미를 나타낸다.

두 번째 구성 요소인 동(東, 東)자는 물건을 담은 포대기의 형상으로, 위아래의 입구가 모두 묶여 있는 모습이지만 동쪽의 의미로 가차되었다. 여기에서는 그 본래의 의미인 포대기로 사용되었다.

세 번째 구성 요소인 복(攴)은 손에 몽둥이를 잡고 있는 형상으로, '때리다'는 뜻을 나타낸다.

❶

이 세 가지 구성 요소들을 종합하면, 이 글자는 한 손에 몽둥이를 잡고 비탈길의 포대기를 치고 있는 모습이다. 이것은 수재를 방지하기 위해 강둑을 쌓는 건축 공사의 모습으로, 오늘에 이르러서도 방수작업을 할 때 이러한 방법을 사용한다. 물은 구멍이 없이는 들어올 수 없으므로, 모래주머니를 두드려 공기를 없애고 속이 단단하게 차도록 했다. 옛날에 산비탈에 사는 사람들은 강물이 불어날 때 모래주머니로 방수를 했다. 모래주머니는 하나하나를 바짝 이어서 차례로 놓아야 홍수에 대비할 수 있기 때문에 '배열하다', '진열하다' 등의 뜻이 생겼다.

『설문해자』에서는 진(敶)에 대해 이렇게 풀이했다.

"진(敶)은 배열하다는 뜻이다. 복(攴)이 의미부이고 진(陳)이 소리부이다."(𢽳, 列也. 从攴, 陳聲.)

허신은 이 글자를 복(攴)이 의미부이고 진(陳)이 소리부라고 분석하였는데, 이는 잘못된 견해이다.

또 『설문해자』에서는 진(陳)에 대해 이렇게 풀이했다.

"진(陳)은 사방이 높고 중앙이 낮은 산언덕을 말한다. 순임금이 위만에 봉한 땅이다. 부(阜)로 구성되었고, 또 목(木)으로 구성되었는데, 신(申)이 소리부이다. 진(𨸏)은 진(陳)의 고문체이다."(𨹟, 宛丘也. 舜後嬀滿之所封. 从阜·从木, 申聲. 𨸏, 古文陳)

나라이름인 진(陳)은 달리 본래의 의미가 있어야 한다. 그러므로 진(陳)자는 진(敶)에서 복(攴)을 생략해서 만든 것일 것이다. 허신은 이 글자의 창제의미를 이해하지 못했기에, 억지스럽게 동(東)자를 목(木)과 신(申)으로 나눠 형성구조로 해석하였다.

010

들 야

野

yě

성읍은 행정관리의 중심지로, 그 성읍의 밖은 넓은 농경지로 되어 있다. 그보다 더 먼 외곽지역은 인적이 드물어 개발을 기다리는 곳으로, 야(野)라고 불렀다.

갑골문에서 야(野)자❶는 숲을 뜻하는 림(林) 속에 사(士)가 있는 모습이다. 사(士)는 갑골문에서 수컷의 상징으로, 수컷동물(인간 포함)의 생식기를 그려놓은 형상이다. 금문❷에는 원래의 모습을 알아보기 힘들게 바뀌었다. 야(野)자의 창제의미는 야외의 숲 속에 세워놓은 남성의 성기 숭배물이다.

고대 사회는 가업을 계승할 아들이 있는 것을 매우 중요시하였다. 그래서 여성이 생식의 신을 숭배하는 곳에서 출산을 기원하는 것은 매우 엄숙한 일이었다. 생식의 신을 숭배하는 곳이 성읍에서 조금 떨어져 있어서, 주거 및 일하는 곳 이외의 지역을 야(野)자로 표현한 것이다.

❶

❷

금문❸의 자형은 먼저 소리부인 여(予)자를 더하였고(🌿), 이어서 숲을 나타내는 림(林)자를 전(田)자로 바꾸었다(🌾). 또 소전은 전(田)자와 토(土)자를 결합하여 리(里)자를 만들어, 지금의 야(野)의 모습이 형성되었다.

『설문해자』에서는 야(野)에 대해 이렇게 풀이했다.

> "야(野)는 교외라는 뜻이다. 리(里)가 의미부이고 여(予)가 소리부이다. 야(🌿)는 야(野)의 고문체이다. 리(里)의 생략된 모습으로 구성되었고, 또 림(林)으로 구성되었다."(野, 郊外也. 从里, 予聲. 🌿, 古文野, 从里省·从林.)

갑골문과 대조해보면, 허신의 견해가 정확하지 않음을 알 수 있다.

❸

🌿 🌿 🌿
🌾 🌿 🌿

제2부

거주형식

산 아래로 이주하면서 사람들은 자연동굴 없이 살아야 했기에, 비바람을 막고 편히 쉴 수 있는 곳에 집을 만들기 시작했다. 장강(長江) 이남과 장강 이북지역은 토질과 기후 조건에 현저한 차이가 있었기 때문에, 자연적인 조건에 적응하기 위해서 북부 지역과 남부 지역은 각각 다른 주거 형식으로 발전하였다. 북부 지역에서는 반지하나 지면에 집을 지었고, 남부 지역에서는 지면보다 높게 집을 지었다.

건설 기술의 관점에서 볼 때, 가장 쉽게 지을 수 있는 집은 벽이 없는 지하 동굴로, 여름에는 시원하고 겨울에는 찬바람을 피할 수 있다. 그래서 중국의 북부 지역은 반 지하 동굴의 주거형태로 발전하였다. 특히 화북 지역은 주로 황토가 쌓여 형성되어, 토질이 푸석푸석해 땅을 파기가 쉽다. 더욱이 황토의 입자는 점착성이 있어 아래로 파낸 동굴이 쉽게 무너지지 않아 안전하게 거주할 수 있었다.

011 **향할 향**

xiàng

동굴을 파는 기술로 말하자면, 원형이 직사각형보다 파기가 더 쉽다. 그래서 둥근 동굴이 일반적으로 직사각형보다 먼저 나타났다. 중국에서 초기의 동굴생활은 하남성 언사(偃師) 탕천구(湯泉溝)의 둥근 동굴이 대표적이다.

깊이가 한 사람의 높이를 넘으며, 나무기둥으로 지붕을 만들어 비바람을 막았다. 더욱 이른 시기의 동굴은 야생 짐승의 침입에 대비해 덮개를 만들어 여닫으며 출입하였다.

갑골문의 향(向)자❶에 이러한 집의 구조가 반영되어 있는데, 입구가 단 하나 뿐인 뾰족한 지붕을 가진 집을 그렸다. 단순하게 지어진 반지하식 동굴 집의 경우, 입구가 하나만 있고 다른 통풍구는 없다. 집의 정면과 집의 방향을 표현했다. 그래서 향(向)자에 '어떤 방향을 향하다'는 뜻이 있게 되었다.

❶

때로는 쉽게 오르내릴 수 있도록 나무기둥에 몇 개의 나무판을 묶었다(그림 1). 이런 집은 분명한 벽이 없는 구조이다. 이후에 땅을 판 면적이 넓어지면서 동굴의 깊이도 얕아져 출입이 용이한 경사로를 만들면서, 나무 사다리를 타고 집 안으로 들어갈 필요가 없게 되었다. 그에 상응하는 지붕의 구조도 복잡해지면서, 큰 기둥으로 지붕을 지탱할 뿐만 아니라, 가는 나무 기둥도 몇 개 더 설치하여, 길의 윗부분으로 뻗은 지붕을 지탱하였다(그림 2). 또한 벽과 지붕은 다른 것이기 때문에, 어떤 자형(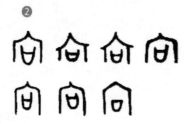)은 지붕과 벽을 동일한 선 위에다 그리지 않았다.

금문❷에서는 벽과 지붕을 구분하는 자형이 많아졌다. 『설문해자』에서는 향(向)에 대해 이렇게 풀이했다.

> "향(向)은 북쪽으로 난 창문을 말한다. 면(宀)으로 구성되었고, 또 구(口)로 구성되었다. 『시경』에는 '북으로 난 창을 막고 진흙으로 문틈을 바른다.'라는 구절이 있다."(向, 北出牖也. 从宀, 从口. 詩曰: 塞向墐戶.)

이것은 이후에 변한 것으로, 초기 동굴의 벽은 모두 높지 않았기 때문에, 벽에 창을 내기가 매우 어려웠다. 나중에 집터가 완전히 지면으로 올라와 벽이 상당히 높아지게 되자, 공기의 순환을 위해 뒤쪽 벽에 창문을 열어두어야 했다.

❷

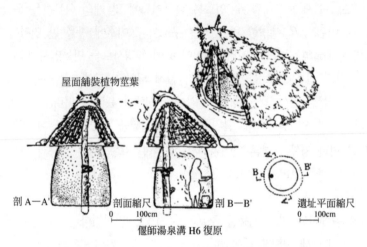

屋面鋪裝植物莖葉

剖 A—A'　　剖面縮尺　　　剖 B—B'　　遺址平面縮尺

0　100cm

0　100cm

偃師湯泉溝 H6 復原

▍그림1. 앙소 문화 초기의 둥근 반지하 동굴형태의 집 복원도.

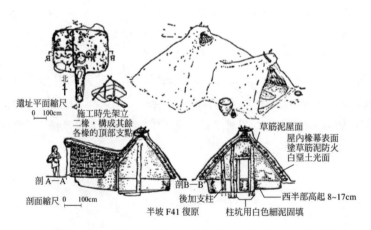

遺址平面縮尺

0　100cm

施工時先架立
二椽, 構成其餘
各椽的頂部支點

草筋泥屋面
屋內椽幕表面
塗草筋泥防火
白堊土光面

剖 A—A'　　　　　　剖B—B'

剖面縮尺 0　100cm

後加支柱

西半部高起 8~17cm

半坡 F41 復原

柱坑用白色細泥固塡

▍그림2. 앙소 문화 초기의 사각형 반지하 동굴형태의 집 복원도.

집 면

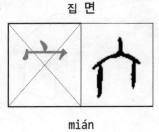

mián

갑골문에서 면(宀)자❶는 완전히 지상에 건축된 집의 모습으로, 모든 집의 형태를 대표한다. 나중에 '집'을 상징하는 의미부로 많이 사용되었다.

『설문해자』에서는 면(宀)에 대해 이렇게 풀이했다.

> "면(宀)은 지붕이 덮어 씌워져 있으면서, 방이 있는 깊숙한 집을 뜻한다. 상형이다. 면(宀)으로 구성된 글자들은 모두 면(宀)이 의미부이다."(冂, 交覆深屋也. 象形. 凡宀之屬皆从宀.)

허신은 면(宀)을 기둥이 있는 우뚝 솟은 집의 모습으로 해석하였는데, 이는 정확한 분석이다.

이렇게 완전히 지상에 세워진 집은 5천여 년 전 앙소 문화의 중기에 나타난다(다음 쪽 그림). 벽과 지붕은 나무기둥을 많이 사용해서 설치하였는데, 이때 경사진 처마를 가진 중국 전통 가옥의 형태를 이미 갖추고 있었다.

❶

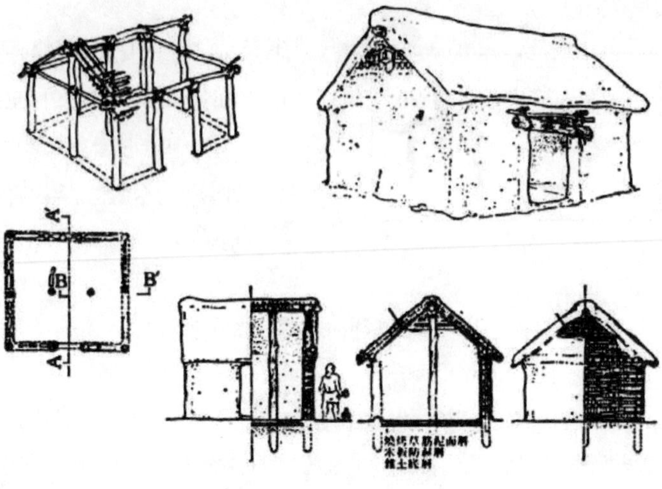

❙ 앙소 문화 중기의 지상에 세운 집 복원도.

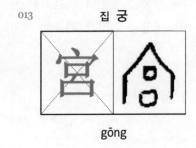

013 집 궁

gōng

갑골문에서 궁(宮)자는 두 개의 자형이 존재한다. 하나는 몇 가지 가옥에 서로 다른 형식의 칸막이가 있음을 나타내었다❶. 이후에 궁(宮)자의 창제의미를 명확하게 알기 어렵다고 생각해서인지 집을 상징하는 부호가 더해졌다❷.

가옥은 최초에 한 두 사람을 수용하여 비바람을 막고 잠시 쉬는 곳으로, 면적이 매우 작았다. 건축기술이 발달하고 집의 구조가 변함에 따라 가옥의 면적도 갈수록 커지게 되었다. 그러면서 불을 피울 공간도 충분히 갖추어졌고, 집안에서 밥을 지을 수 있게 되자, 더 이상 비로 인한 걱정을 할 필요가 없게 되었다.

6천 년 전 반파(半坡) 지역의 직사각형 모양의 동굴은 일반적으로 20제곱미터에 불과하고, 원형의 지름은 5~6미터 정도여서 잠을 잘 수 있는 방을 나누기가 힘들다. 건물을 크게 짓는다면 은닉의 목적을 위해 칸막이로 분리된 침실이 만들어진다. 이때 두 개 이상의 방이 있는 건물이라면 종종 정치나 종교 행사가 주재되는 장소이거나 지도자의 집으로, 화려하고 웅장한 궁전으로 보인다. 그래서 두개의 방을 나타내는 궁(宮)자에 '궁전', '궁궐'의 의미가 있다.

❶　　　　❷

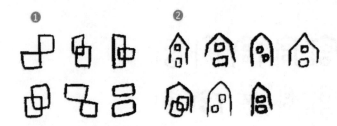

고고 발굴에 따르면 반파 문화 말기에는 가끔 침실이 따로 나누어져 있었지만, 상나라에 이르러서는 두 칸 이상의 칸막이 건물이 많지 않았다.

상나라 이후에 가족의 구조에 변화가 생기면서 가족 구성원도 늘게되었다. 그런데다 건축기술도 향상되어 방이 두 개 이상인 건물이 보편화되었기 때문에, 궁(宮)자도 더욱 화려한 대형 건물을 나타내게 되었다.

금문❸에서는 경사진 처마지붕이 있는 모습을 하고 있다. 『설문해자』에서는 궁(宮)에 대해 이렇게 풀이했다.

> "궁(宮)은 집을 말한다. 면(宀)이 의미부이고, 궁(躬)의 생략된 모습이 소리부이다. 궁(宮)으로 구성된 글자들은 모두 궁(宮)이 의미부이다."(宮, 室也. 从宀, 躬省聲. 凡宮之屬皆从宮.)

허신은 궁(躬)의 생략된 모습이 소리부인 형성구조라고 분석하였다. 그러나 갑골문의 자형이 대부분 규격에 맞지 않는 네모난 형태인 걸 보면, 궁(宮)자가 형성구조일 수가 없다.

❸

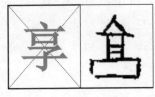

014　　**누릴 향**

xiǎng

옛날 중국의 북부지역은 지금보다 훨씬 따뜻하고 습기도 많아, 반 지하 동굴에서 생활하는데 있어 습기가 늘 문제였다. 그래서 사람들이 오래 거주하기에는 불편했기 때문에 여러 가지로 습기를 방지하는 조치가 생겨났다.

예를 들어 6천 년 전 반파 지역에서는 지면을 불로 태워 딱딱하게 만들어 습기를 제거하였다. 5천 년 전 용산 시대에서는 조개껍질을 태워 석회로 만들고는 지면에 깔아 습기를 흡수하였다. 상나라 때, 대형 건물들은 땅을 다지는 방식으로 집을 지어, 습기를 제거하는 효과가 훨씬 뛰어났다.

갑골문에서 향(享)자❶는 경사진 처마가 있는 건물이 지면 위의 기단 위에 세워진 모습이다. 이렇게 기단을 쌓는 방식을 판축법(다지기법)이라고 부른다. 먼저 상당한 깊이의 구덩이를 파서 황토로 메우고, 동여맨 나무막대로 두드려서 흙층을 단단하게 하여 물이 스며들지 않게 하였는데, 매 층마다 평균적으로 8~10센티미터의 두께를 가졌다. 바닥의 높이를 채울 때는 나무판자를 틀에 둘러서 흙을 채운 후 다시 다져서 지면에서 세 계단 정도의 높이까지 층층이 다져서 집을 지었다. 이러한 지반은 굉장히 견고해지는데, 북부 지역 황토의 특성을 십분 활용하여 만들었다.

❶

향(享)자에 '제사를 지내다'는 뜻이 있는 것으로 보아, 이는 일반 가옥이 아니라 신을 모시는 제단의 건물일 것이다. 고대에 제사는 국가의 가장 중요한 정치적 행사였고, 제사 장소도 종종 정치를 행하는 장소였기 때문에 공사비를 아끼지 않고 가장 손이 많이 가는, 흙을 틀에 넣고 다지는 방식으로 터를 닦았다.

금문❷의 자형에는 변한 것이 없다. 『설문해자』에서는 향(享)에 대해 이렇게 풀이했다.

> "향(享)은 바치다는 뜻이다. 고(高)의 생략된 모습이다. 달리 신에게 바치는 음식의 모습이라고도 한다. 『효경』에서는 '제사를 지내는 것은 귀신에게 바치는 것이다.'라고 하였다. 향(𩟐)은 향(亯)의 전문체이다. 향(亯)으로 구성된 글자들은 모두 향(亯)이 의미부이다."(𩟐, 獻也. 從高省. 曰象進孰物形. 孝經曰, 祭則鬼亯之 𩟐, 篆文亯. 凡亯之屬皆從亯.)

허신의 향(享)자에 대한 해석은 정확하지 않다.

❷

금문은 자형의 변천 규칙에 따라, 건물의 기반에 작은 가로획을 추가하였다(圖). 무슨 이유에서인지 소전의 자형에서는 기반의 아래에 직선을 그려 자(子)자와 비슷하게 만들었는데(享), 실제로 글자의 창제의미와 아이[子]는 전혀 관계가 없고, 건물의 토대도 삶은 음식의 모습이 아니다.

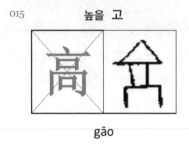

015　　높을 고

gāo

갑골문에서 고(高)자❶는 향(享)에서 분화한 글자로, 기단 위로 우뚝 솟은 건물을 그렸다. 이러한 건물은 평범한 집보다 높기 때문에, '높다'는 의미가 생겼다. 건물 아래에 그려진 구(口)는 변천 과정에서 생겨난 의미 없는 빈칸일 것이다.

　　금문❷에서는 이미 이전의 자형은 보이지 않는다. 『설문해자』에서는 고(高)에 대해 이렇게 풀이했다.

　　"고(高)는 높다는 뜻이다. 건물이 높이 솟은 모습이다. 경(冂)과 구(口)로 구성되었다. 창(倉), 사(舍)와 같은 뜻이다. 고(高)로 구성된 글자들은 모두 고(高)가 의미부이다."(高, 崇也. 象臺觀高之形. 从冂·口. 與倉·舍同意. 凡高之屬皆从高.)

❶

❷

서울 경

jīng

갑골문에서 경(京)자❶는 경사진 처마를 가진 건물로써, 지면에서 높이 돌출된 3줄짜리 나무 말뚝 위에 지어졌다.

줄지은 나무 말뚝 위에 세워진 집은 자연히 땅이나 기단 위에 지은 건물보다 높을 것이며, 정치적·종교적 중심지라야 높이 솟은 건축물이 세워질 수 있었으므로, '경성(京城: 서울)'이라는 뜻이 나왔다.

금문❷의 자형에는 변한 것이 없다. 『설문해자』에서는 경(京)에 대해 이렇게 풀이했다.

"경(京)은 사람이 인공적으로 깎아 만든 높은 언덕을 말한다. 고(高) 의 생략된 모습으로 구성되었으며, 일(一)은 높은 모습을 그렸다. 경 (京)으로 구성된 글자들은 모두 경(京)이 의미부이다."(京, 人所爲絶高 丘也. 高省, 一象高形. 凡京之屬皆从京.)

허신의 경(京)자의 의미와 형태에 대한 분석에는 모두 문제가 있다.

❶   ❷

줄지은 나무 말뚝 위에 집을 세운 것은 남부 지역의 영향을 받은 것이다. 6천 년 전에서 3천 년 전까지의 기간 동안 연평균 온도는 지금보다 섭씨 2도 이상 높았다. 현재도 남부 지역은 따뜻하고 습한 지대지만 그때는 더욱 습하여, 북부 지역과 같이 반지하나 지면에 거처한다면 습기가 많아서 사람들의 건강과 생활에 나쁜 영향을 끼쳤으므로 지면보다 높은 고상 건물로 발전하였다.

지상에 높게 만들어진 건물은 먼저 땅 위에 줄지은 나무 말뚝을 세운 뒤, 말뚝에 널빤지를 깔고 집을 짓고는 방을 나누었다. 고상 건물은 지하 동굴을 만드는 것보다 시간과 힘이 더 많이 들지만, 남부 지역에서는 자연 환경 때문에 어쩔 수 없이 이런 건축방식을 채택해야 했다(다음 쪽 그림). 만약 북부 지역에서 이런 건축방식을 채택한다면 자연스레 일반 집보다 더 높이 솟아 주목을 받는 건물이 될 것이다. 북부 지역에서는 수도와 같이 중요한 행정 지역에서만 이러한 건물을 볼 수 있었기 때문에 '서울'의 의미를 가지게 되었다.

┃중국 남부지역의
지면에 높게
만들어진 고상
건물의 모형들.

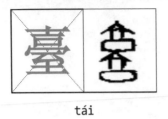

017 　　돈대 대

tái

중국에서는 한나라 이전에 두 가지 유형의 고층 건물이 있었다. 하나는 계단 모양의 높은 대 위에 한 층 한 층씩 건물을 지어 멀리서 보면 마치 다층 건물처럼 보인다. 이런 형태의 건물을 대(臺)라고 부른다.

『설문해자』에서는 대(臺)에 대해 이렇게 풀이했다.

"대(臺)는 네 곳이 네모난 형태로 지면에서 높이 솟은 건축물을 말한다. 지(至)로 구성되었고 또 고(高)의 생략된 모습으로 구성되었다. 실(室), 옥(屋)과 같은 뜻이다. 지(㞢)는 소리부이다."(臺, 觀. 四方而高者. 从至·从高省. 與室屋同意. 㞢聲.)

자형을 보면, 윗부분은 지붕에 갈라진 모양의 장식을 나타내고 있다. 허신은 이 지붕 장식을 소리부로 봤지만, 이것은 고층 건물과 관련된 회의자여야 한다. 아랫부분은 지(至, ꙮ)의 자형으로 되어있다. 갑골문에서 지(至)자❶는 화살 한 자루가 목표물에 도달하는 모습이다. 그러므로 지(至)에 '도달하다'는 의미가 있다. 대(臺)자에 포함된 지(至)는 대개 어떤 형상이 비슷하게 바뀐 것이거나 계단의 형상일 것이다. 왜냐하면 높은 대에 오르려면 반드시 계단을 따라 올라가야 하기 때문이다.

❶

어떤 갑골문은 향(享)자 하나가 또 다른 향(享)자 위에 중첩된 모양❷을 하고 있다. 향(享)자는 지반 위에 지은 건물의 모습이기에, 이 갑골문은 여러 층으로 된 건물이 각각 하나의 터 위에 지어진 것을 표현하고 있는 것이다. 이것이 바로 대(臺)의 모습이다. 그런데 자형이 지나치게 좁고 길어서 이후에 대(臺)자로 대체되었을 가능성이 크다.

높은 대에서 내려다보면 먼 곳의 상황을 살펴보기 편한데다 멀리서도 바라볼 수 있어 통치자의 위세를 높일 수 있다. 그래서 상나라에는 높은 대 위에다 건물을 지어 기념하고 권력을 과시하는 경향(다음 쪽 그림)이 있었다. 한나라의 왕들은 신선의 존재를 믿어 하늘의 신선에 가까워지기 위해 누대를 계속해서 높이 쌓았다. 『사기·봉선서(封禪書)』에는 한 무제가 신선들에게 가까이 다가가기 위해 높은 건물을 세웠는데, 1백 미터 높이에 도달하는 건물이 있었다고 기록되어 있다. 목조 건물은 이런 높은 건물의 압력을 견딜 수 없으므로, 반드시 계단 모양의 토양에 세워진 건물이어야 했다.

❷

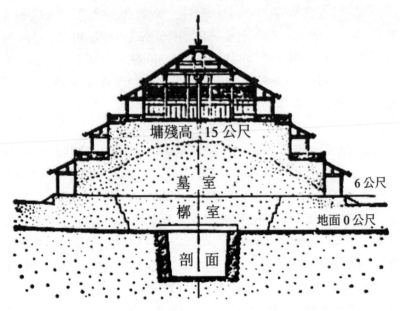
墉殘高 15公尺

墓 室

槨 室

剖 面

6公尺

地面 0公尺

▌전국시대 중산왕(中山王) 묘에 있는 향당의 복원 단면도.
계단 형태의 지반 위에 지은 다층 건물이다.

018

다락 루

lóu

갑골문에 향(亯)자가 경(京) 위에 중첩된 모습의 글자❶가 있다. 이는 지명으로, 이후에 어떤 글자로 변했는지 고증하기 어렵다.

자형에 근거해 볼 때, 경(京)자는 고상 건물로, 아래쪽 바닥에 기둥만 있고 나머지는 비워놓은 상태이며, 향(亯)은 견실한 기단 위에 세워진 건물을 말한다. 이를 종합하면 이 글자는 2층으로 된 건물로, 바로 루(樓)자를 말한다.

금문❷의 「대극정(大克鼎)」, 「사태궤(師兌簋)」 등과 같은 서주 중기의 청동기 명문에서는 모두 "지금 내가 다시 명령을 내리노니……(今余唯盭(重)羹, 乃令……)"라고 언급되어 있다. 이는 주왕이 제후가 왕가에 어떤 공헌을 하였는지 다시 한 번 진술하여, 새롭게 임명하고 물품을 하사하도록 한 내용이다. 이 글자는 복(攴)이 의미부이고 루(婁)가 소리부인 수(數)로 가차되어 사용되었다.

❶

❷

『설문해자』에서는 루(樓)에 대해 이렇게 풀이했다.

"루(樓)는 다층 가옥을 말한다. 목(木)이 의미부이고 루(婁)가 소리부
이다."(樓, 重屋也. 从木婁聲.)

허신은 루(樓)가 다층 가옥이며, 루(婁)가 소리부인 구조라고 하였다.

똑같이 루(婁)가 소리부인 구조라고 하여, 루(樓)자로 수(數)를 지칭
하던 것은 고대에 흔한 가차현상이다. 그래서 갑골문과 금문에서 이 글
자는 1층이 비어있는 다층 가옥을 표현하였고, 각 층마다 튼튼한 지반
위에 세워진 대(臺)자가 바로 다층 가옥의 두 가지 형식인 것이다. 후세
에서도 자형이 지나치게 좁고 길어서 형성자로 대체되었다.

고고학 발굴의 주춧돌로 배열된 흔적에 근거해, 학자들이 상나라 때
의 2층 건물을 아래의 그림처럼 복원했다.

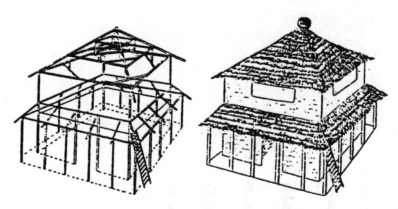

▎하남성 안양(安陽)의 상나라 2층 집의 복원도.

019

언덕 부

fù

목조 다층 건물은 사다리가 있어야 위층으로 올라갈 수 있다. 갑골문에서 부(阜)자❶는 바로 나무로 만든 사다리 모양이다.

발굴된 출토물에 따르면, 고대 사람들은 통나무 하나에 삼각형 모양의 발 구덩이를 패서 계단으로 만들었다. 줄여서 쓸 때에는 3개의 사선만으로 위로 향하게 그렸다. 산릉(山陵)을 나타내려면, 호(麓, 麃)자에 있는 산비탈(彳)의 모양처럼 줄인 형태의 3개의 사선을 아래로 향하게 하였다. 사다리는 위아래 층을 오르내리는 것 외에도, 신령이 인간세상과 하늘을 오르내릴 수 있는 도구도 될 수 있었다. 그래서 갑골문에서 존(尊, 甹)자는 항상 존(甹)으로 써서 계단 앞에서 두 손으로 술잔을 들고 바치는 모습을 분명히 드러내었다.

❶

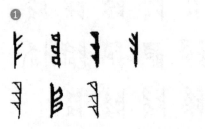

020

오를 척

陟

zhì

021

내릴 강

降

jiàng

갑골문에서 척(陟)자 **❶**는 두 발이 앞뒤로 놓여 사다리를 타고 계단을 올라가는 모습을 그렸다. 강(降)자 **❷**는 두 발이 앞뒤로 놓여 사다리를 타고 계단을 내려가는 모습이다. 금문 **❸**에서 소전 **❹**에 이르기까지 기본적으로 자형에는 변화가 없다.

『설문해자』에서는 척(陟), 강(降)에 대해 이렇게 풀이했다.

"척(陟)은 오르다는 뜻이다. 부(阜)와 보(步)로 구성되었다. 척(![글자])은 척(陟)의 고문체이다."(![글자], 登也. 从阜·步. ![글자], 古文陟.)

"강(降)은 내려가다는 뜻이다. 부(阜)가 의미부이고, 강(夆)이 소리부이다."(![글자], 下也. 从阜, 夆聲.)

허신은 강(降)자를 형성구조라고 해석하였으나, 이는 잘못된 견해이다.

022

큰 언덕 릉

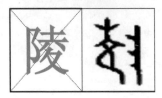

líng

갑골문에서 릉(陵)자는 한쪽 발을 들어 올리며 사다리를 기어오르는 모습()이다. 그래서 '~을 넘다', '능가하다'는 뜻이 생겼다.

대개 자형이 지나치게 간단하면, 특히 한 발은 길고 한 발은 짧게 하여 발을 들어 올리는 모습이라면 더욱 간과하기 쉽다. 그래서 금문❶에서는 사람의 머리에 3개의 획을 추가하여 물품을 위층으로 옮길 때 물건을 머리에 이어야만 계단을 오르내리는 것이 편리함을 표현했다. 산비탈을 오르는 동작과 건물을 오르는 동작이 비슷해서인지, 산릉이라는 뜻으로도 사용되었다. 그래서 이후에 토(土)자를 더하여 구분하기 쉽게 하였다().

『설문해자』에서는 릉(陵), 릉(夌)에 대해 이렇게 풀이했다.

"릉(陵)은 큰 언덕을 말한다. 부(阜)가 의미부이고, 릉(夌)이 소리부이다."(, 大阜也. 从阜, 夌聲.)

"릉(夌)은 넘다는 뜻이다. 치(夊)와 미()로 구성되었다. 미()는 물건이 높고 크다는 의미이다. 달리 높은 곳에서 점차 내려가는 의미라고도 한다."(, 越也. 从夊. , 物高大也. 一曰夌徲也.)

❶

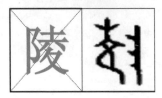

허신은 두 개의 자형이라고 분석하였다. 소전의 릉(陵)자는 금문보다 사람의 아래 부분에 걸음이 하나 더 많아, 사다리를 오른다는 의미를 더욱 명확하게 하였다. 릉(陵)자의 창제의미를 제대로 이해하지 못했다면, 자형만으로는 릉(夌)자의 의미를 알 수 없다.

고상 건물과 깊은 동굴 같은 경우에는 모두 사다리와 같은 도구를 사용해야만 위아래로 드나들 수 있다. 앙소 문화의 시기, 흙벽에 발 구덩이를 파거나 중심부의 기둥에 발 구덩이를 패는 것은 사다리의 기능도 갖추고 있어서 굳이 사다리를 쓰지 않아도 되었다. 사다리의 앞에서 술을 받들어 제사를 지내는 존(尊)자를 보면, 상나라에 이미 많은 2층 건물이 있어서, '계단으로 건물을 오르내리다'라는 의미를 표현할 글자가 필요했을 거라고 추측할 수 있다.

제3부

초기가옥

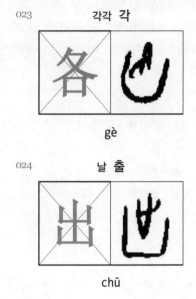

023 각각 각

gè

024 날 출

chū

5천여 년 전, 앙소 문화의 말기에 지상에 대형건물이 세워졌지만 동주시기가 되어서야 사람들이 보편적으로 지상에 지어진 집에 살게 되었다. 상나라 때, 대부분의 농민들은 여전히 반 지하식의 움집에서 살았다.

그래서 갑골문에서 각(各)자❶는 발 하나가 반 지하식의 움집으로 들어가는 모양이며, 이로부터 '오다', '내려가다' 등의 뜻이 나왔다. 이와 반대로 출(出)자❷는 발 하나가 움집 밖으로 걸어 나가는 모습을 그렸는데, 이로부터 '집을 나서다', '밖으로 나가다'의 뜻이 나왔다. 각(各)자와 출(出)자가 모두 걸어 다니는 행동과 관련이 있다는 것을 나타내기 위해 각(各)자에 또 길을 나타내는 척(彳)이나 행(行)자가 더해졌다.

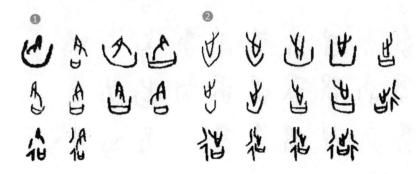

이렇게 일상적으로 사용되는 두 글자를 통해, 당시 중국 북부 지역의 일반 사람들은 반지하의 움집에 사는 습관이 있었다는 것을 알 수 있다. 금문의 각(各)자❸와 출(出)자❹는 갑골문과 대체로 일치하며, 가끔 주(走)의 편방을 더하였다(🔣).

『설문해자』에서는 각(各)과 출(出)에 대해 이렇게 풀이했다.

"각(各)은 상이한 개체를 나타내는 단어이다. 구(口)와 치(夂)로 구성되었다. 치(夂)는 가려고 하는데 누군가가 멈추게 하여, 피차 서로 따르지 않는다는 뜻이다."(🔣, 異詞也. 从口·夂. 夂者, 有行而止之不相聽意.)

"출(出)은 나아가다는 뜻이다. 초목이 점점 자라나 위로 성장하는 모습이다. 출(出)로 구성된 글자들은 모두 출(出)이 의미부이다."(🔣, 進也. 象艸木益滋, 上出達也. 凡出之屬皆从出.)

❸   ❹

허신은 각(各)자가 어떤 사람이 길을 가려고 하는데 누군가가 막는 걸 표현한 것이며, 출(出)자는 초목이 생장하는 모습을 나타낸다고 해석하였다. 허신의 이러한 해석은 각(各)과 출(出)의 창제의미가 고대의 움집 생활과 관련이 있다는 것을 알지 못한 것으로, 원래 글자를 만든 의미와 거리가 매우 멀다. 각(各)은 이후에 '각자'의 의미를 나타내게 되어, 원래의 각(各)자는 목(木)을 더하여 격(格)자로 만들었다. 그렇게 되자, 각(各)자는 더 이상 '다가오다'라는 의미로 사용되지 않았다.

안 내

nèi

일정한 주거지가 있다면 안팎을 표현할 글자를 만들어야 한다. 갑골문에서 내(內)자❶는 움집의 모습을 그렸다.

초기에는 반 지하식의 움집에 살았는데, 열고 닫을 수 있는 문이 있는 게 아니라, 들어오고 나갈 수 있는 출입구만 하나 있을 뿐이었다(58쪽의 향(向)자 소개 참고). 이 출입구에는 커튼 같은 것이 달려 있어서, 저녁에 쉴 때는 커튼을 내리고 낮에는 커튼을 양쪽으로 벌려 놓았다. 금문의 문(門)자의 자형 중에서 내(內)자의 아랫부분에 문이 있는 모습(閃)이 있는데, 이로써 내(內)자가 집 안의 형상임을 증명하고 있다.

대부분의 내(內)자에는 집 안에 커튼이 달린 모습을 표현하였는데, 이는 사람이 집 안에서 본 모습이기 때문에 '안'이라는 의미가 생겼다. 뾰족한 상단은 입구가 낮은 초기 집의 입구의 형태이고, 사각형 틀은 후기 집의 비교적 높은 입구의 모습을 나타낸 것이다.

❶

금문❷의 자형에서 일부는 경사진 처마의 모습을 그린 것이 있다. 『설문해자』에서는 내(內)에 대해 이렇게 풀이했다.

"내(內)는 들어가다는 뜻이다. 경(冂)과 입(入)으로 구성되었다. 바깥에서부터 안으로 들어가는 모습이다."(內, 入也. 从冂·入 自外而入也)

허신은 바깥에서부터 안으로 들어가는 모습으로 해석했지만, 전체 자형으로 봤을 때 그러한 행동이 나타나 있지 않는 것으로 보아, 이 해석에는 분명히 문제가 있다.

❷

갑골문에서 입(入)자❸는 '들어가다'는 뜻인데, 항상 안팎의 의미로도 사용되었기 때문에, 내(內)자에서 분화되어 나왔으며 집 안의 커튼이 좌우로 갈라져 있는 모습을 나타낸 것으로 보인다. 금문❹의 자형에는 어떤 변화도 없다.

『설문해자』에서는 입(入)에 대해 이렇게 풀이했다.

    "입(入)은 안이라는 뜻이다. 어떤 물건이 함께 위에서 떨어지는 모
    습이다. 입(入)으로 구성된 글자들은 모두 입(入)이 의미부이다."(𠆢,
    內也. 象從上俱下也. 凡入之屬皆从入)

허신은 내(內)자의 창제의미를 몰랐으므로, 입(入)자의 창제의미도 자연히 제대로 해석할 수 없었을 것이다.

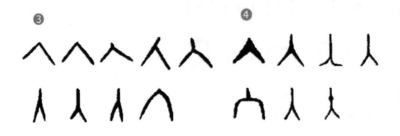

026 **밖 외**

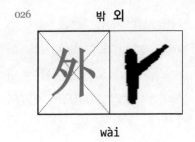

wài

갑골문에서 외(外)자는 '점치다'는 뜻의 복(卜)자와 자형이 완전히 똑같다(⌐). 점을 볼 때 갑골을 태워 뼈의 표면이 갈라지면서 나타나는 무늬의 모습이다. 외(外)자의 창제의미는 점복의 용어를 빌렸을 가능성이 큰데, 가로무늬가 위로 향하면 외(外)자가 되고, 아래쪽으로 향하면 내(內)자가 된다.

그러나 하나의 자형으로 두 가지 다른 의미를 표현하면 혼란을 줄 수 있으므로, 금문❶의 자형에서는 월(月)자를 더하여 구별하였다.

『설문해자』에서는 외(外)에 대해 이렇게 풀이했다.

"외(外)는 멀리가다는 뜻이다. 점을 칠 때는 새벽과 해가 뜰 때를 숭상하는 법인데, 밤에 점을 친다면 점복과 시초에서 나온 점괘는 예외로 한다. 외(外)는 외(外)의 고문체이다."(外, 遠也. 卜尚平旦, 今若夕, 上於事外矣. 外, 古文.)

저녁의 점괘가 중요한 사안이 아니라는 허신의 설명은 틀린 것일 것이다.

❶

外 外 外 外 外
外 外 外 外

027 물러날 **퇴**

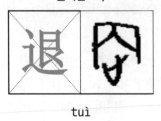

tuì

창제의미가 집안과 관련 있는 글자로는 퇴(退)자와 처(處)자가 있다. 갑골문에서 퇴(退)자❶는 내(內)와 지(止)의 결합으로 이루어져 있다.

이 글자의 의미는 금문과 소전의 대조를 거친 이후에야 확정되었다. 즉, 퇴(退)는 한 발이 집 안에 있는 모습을 표현한 것이다.

고대 사람들은 아침 일찍 일을 하러 갔다가 일을 끝내면 집으로 돌아와 쉬었는데, 이로부터 '되돌아오다', '퇴각(退却: 물러나다)' 등의 뜻이 나왔다. 금문의 자형에는 ᠍와 ᠍가 있다.

❶

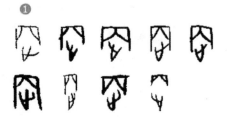

『설문해자』에서는 퇴(退)에 대해 이렇게 풀이했다.

"퇴(退)는 물러나다는 뜻이다. 척(彳), 일(日), 치(夊)로 구성되었다. 달리 걸음이 느린 것을 말하기도 한다. 퇴(納)는 퇴(退)의 혹체로, 내(內)로 구성되었다. 퇴(退)는 퇴(退)의 고문체로, 착(辵)으로 구성되었다."(退, 卻也. 从彳·日·夊. 一曰行遲. 納, 退或从內. 退, 古文从辵.)

수록된 고문체의 자형은 금문과 똑같은데 반해, 혹체의 자형에 내(內)자가 포함된 것은 글자의 변천과정이 퇴(納)가 걷는 행동과 관련이 있을 수 있다는 것을 시사하고 있다.

고문자에서 척(彳), 착(辵), 지(止)는 항상 서로 호환될 수 있었기에, 퇴(納)와 같은 혹체자가 만들어졌을 것이다. 간혹 길을 나타내는 척(彳)을 더했는데, 이 자형의 안에 든 내(內)가 일(日)로 잘못 변해 고문체(退)가 되었다. 또 글자의 중간에다 장식 용도로 구(口)를 더해 금문체(退)가 되었다. 고문체에서 지(止)를 생략할 경우에는 소전의 자형(退)이 된다. 이 글자는 몇 차례 변화를 거쳐 원래의 자형과는 많이 달라졌기에, 『설문해자』에서는 정확하게 자형을 분석할 방법이 없었다.

028 **살 처**

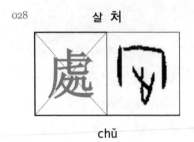

chǔ

갑골문에서 처(處)자❶는 자형이 퇴(退)자와 비슷하지만 약간 다른 점이 있다. 퇴(退)자는 문의 커튼이 이미 열려 있어, 사람들이 일을 하러 나갔다가 돌아왔다는 것을 나타낸다. 그래서 '되돌아오다'는 의미가 있다.

그런데 처(處)자는 문의 커튼이 열리지 않은 것으로 보아 집 안에 있는 사람들이 아직 나가지 않았음을 나타낸다. 그래서 '편안하게 거처하다'는 뜻이 있다.

금문❷❸에는 두 가지 자형이 존재한다. 전자❷는 소리부로 호(虎)를 더했다. 그런데 어찌된 일인지 집 안에 있던 발이 밖으로 옮겨져 호(虎)자와 하나로 연결되었다. 이것이 바로 소전의 혹체(𠁅)이다. 또 다른 자형은 한 사람이 걸상에 앉아 있는 모습이다. 초기에는 걸상을 호상(胡床)이라고 불렀는데, 동이(東夷) 민족에서 집밖에 두던 걸상으로, 동이족과 많이 접촉한 이후에서야 생긴 자형이다.

『설문해자』에서는 처(処)에 대해 이렇게 풀이했다.

　　"처(処)는 멈추다는 뜻이다. 치(夂)와 궤(几)로 구성되었다. 치(夂)는
　　사람이 궤를 얻고 나서 멈추는 것을 말한다. 처(🔲, 處)는 처(処)의 혹
　　체로, 호(虍)가 소리부이다."(🔲, 止也. 从夂·几. 夂, 得几而止也. 🔲,
　　處, 或从虍聲.)

　　처음에는 🔲로 썼다가 발이 집 밖으로 나가는 모습(🔲)으로 바뀐 것으
로 보인다. 그렇지만 갑골문과 금문에는 이 자형이 보이지 않는다. 그리고
나서 소리부인 호(虎)를 더해 🔲가 되었다. 퇴(退)와 처(處)가 만들어진 것
은 모두 문이 생기기 이전 시대이다.

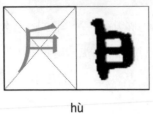

029 　지게 호

hù

지상에 지은 집은 높이가 사람보다 높아서, 집 안에서 허리를 굽혀 걸을 필요가 없을 뿐 아니라 출입구 높이도 사람보다 높아 허리를 곧게 펴고 들어갈 수 있다.

갑골문에서 호(戶)자❶는 나무기둥에 설치되어 있는 외짝 나무판의 모습이다. 호(戶)의 면적이 컸기 때문에 여러 조각의 나무판을 붙여서 만들었다. 자형에서는 두 개의 나무판으로 다수의 나무판을 상징하였다. 고고학적으로 발굴된 상황을 살펴보면, 돌 위에 이 나무기둥을 얹어 놓아 나무판이 회전하여 열고 닫을 수 있도록 했다. 입구에도 지게문[戶]이 있고 방에도 지게문[戶]이 있어, 공간의 은폐성을 높였다.

『설문해자』에서는 호(戶)에 대해 이렇게 풀이했다.

"호(戶)는 보호하다는 뜻이다. 외짝문을 호(戶)라고 부른다. 상형이다. 호(戶)로 구성된 글자들은 모두 호(戶)가 의미부이다. 호(屎)는 호(戶)의 고문체로, 목(木)으로 구성되었다."(戶, 護也. 半門曰戶. 象形. 凡戶之屬皆从戶. 屎, 古文戶, 从木)

소전의 자형에서는 필획이 약간 이동하여, 원래 여러 개의 나무판을 병합하여 만든 호(戶)가 하나의 판으로 된 호(戶)로 바뀌었다.

❶

𢨲 𢨲 日 𢨲 𢨲

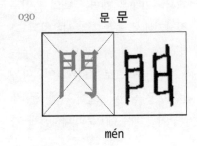

030 문 문

mén

갑골문에서 문(門)자❶는 두 개
의 나무 기둥에 각각 여러 개의
나무판을 합쳐 만든 지게문[戶]의
모습으로, 때로 가로로 된 문틀이
두 개의 나무 기둥을 고정시키기
도 했다.

금문❷의 자형 중에서 문이 내(內)자의 아래에 있는 형상이 있는데, 이
는 내(內)자가 출입구에 있는 커튼의 형상임을 증명해주는 것이다.

『설문해자』에서는 문(門)에 대해 이렇게 풀이했다.

"문(門)은 문(聞)과 같아 '듣다'는 뜻이다. 두 개의 호(戶)로 구성되었
다. 상형이다. 문(門)으로 구성된 글자들은 모두 문(門)이 의미부이
다."(門, 聞也. 从二戶. 象形. 凡門之屬皆从門.)

대개 문(門)자의 뜻은 모두가 잘 알기 때문에, 같은 독음의 문(聞)자
로 문(門)의 용도와 창제의미를 해석하였다. 그러나 문(門)자의 창제의미
는 '듣다'는 의미와 아무 관련이 없어 보인다.

❶ ❷

현재까지 발굴된 결과를 보면, 상나라에서 문(門)은 개별 주택의 출입구가 아니라 여러 사람이 함께 모여 사는 정착지에서 공동으로 사용하는 출입문이다. 그러나 서주시기에 이르러, 방에도 두 짝의 나무판으로 된 문을 설치하였다. 문자의 사용에 있어, 호(戶)는 개별 가옥으로 소수의 인원만을 수용할 수 있기 때문에 사람 수가 적은 단위를 지칭한다. 그에 반해, 문(門)은 많은 사람들이 공동으로 사용하는 출입구이기 때문에 '문파'나 '전체 가족'과 같이 사람 수가 많은 단위를 지칭한다.

031

빛날 경

囧

jiǒng

고대 사람들의 삶은 점차적으로 집에서 요리하고 자는 것으로 발전하여, 집안에 있는 시간이 길어졌다. 입구와 출구 외에도 다른 통풍구도 열 필요가 있었다.

032

밝을 명

明

míng

반지하식의 움집은 지붕에 구멍을 뚫어 빛을 받아들여 공기를 흐르게 했다. 그러나 지상에 지은 집은 지붕에 난 구멍으로 비와 이슬이 떨어져 집이 젖는 것을 방지하기 위해 벽에 창문을 만들었다.

갑골문에서 경(囧)자❶는 둥근 창의 모습이다. 다른 둥근 것들과 구별하기 위해 3개 또는 4개의 짧은 선이 원에 추가되었다. 창문의 모양은 네모난 형태여야 쉽게 만들 수 있을 것이다. 그런데 당시의 창문은 대부분 깨진 큰 항아리의 가장자리와 같이 대부분 못 쓰는 물건들로 만들었기에 둥근 형태의 창문이 되었다.

❶

금문의 자형(⬤)은 여전히 둥근 모양을 유지하고 있다. 소전에서는 글자를 쓰는 습관으로 인해 네모난 모양으로 바뀌었다.

『설문해자』에서는 경(冏)에 대해 이렇게 풀이했다.

> "경(冏)은 넓은 창문이 영롱하게 비쳐 시야가 탁 트이고 경치가 밝아 보인다. 상형이다. 경(冏)으로 구성된 글자들은 모두 경(冏)이 의미부이다. 광(獷)과 같이 읽는다. 가시중(賈侍中)은 '명(明)과 같이 읽는다.'라고 말했다."(⬤, 窗牖麗廔, 闓明也. 象形. 凡冏之屬皆从冏. 讀若獷. 賈侍中說: 讀與明同.)

상술한 설명을 보면, 허신의 해석이 매우 정확했음을 알 수 있다.

경(冏)자는 창문의 모습을 나타내는데, 이는 명(明)자를 통해 증명될 수 있다. 갑골문에서 명(明)자❷는 '창'과 '달'의 조합으로 이루어져, 달빛이 창문을 비추어 실내를 밝게 비추는 것을 의미한다. 창문을 나타내는 원 안에 짧은 획이 너무 많았기 때문에, 일(日)자처럼 줄여서 썼다가 (⬤), 나중에는 완전히 일(日)자로 썼다(⬤).

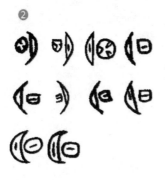

❷

금문의 명(明)자❸도 두 가지 형태가 존재한다. 『설문해자』에서는 명(明)에 대해 이렇게 풀이했다.

> "명(明)은 밝게 비춘다는 뜻이다. 월(月)과 경(囧)으로 구성되었다. 명(明)으로 구성된 글자들은 모두 명(明)이 의미부이다. 명(◑))은 명(明)의 고문체로, 일(日)로 구성되었다."(⬤, 照也. 从月·囧. 凡明之屬皆从明. ◑), 古文从日.)

허신은 고문체가 소전보다 앞선 것인 줄 알았다.

❸

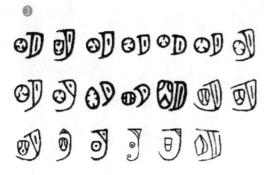

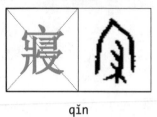

033 **잠잘 침**

qǐn

일반적으로 가옥은 충분한 공간을 확보한 뒤에, 잠자는 곳을 격리해 사용자의 은밀성을 유지하고, 귀중한 물건을 보관하는 곳을 우선적으로 고려하였다. 이렇게 잠자는 공간을 침(寢)이라고 부른다.

갑골문에서 침(寢)자❶는 방안에 빗자루가 하나 그려진 모습이다. 갑골문에서 추(帚)자❷는 빗자루 하나를 그린 모습인데, 이것은 작은 관목을 묶어 빗자루로 만든 형상(𠂤)이다. 이후에 무슨 영문인지 손잡이의 위치에 손잡이와 같은 장치를 더하였다(𠂤). 빗자루는 바닥을 깨끗이 쓰는 도구이다. 그 시기에는 집 안에 이미 음식을 끓이는 부엌이 있었는데, 음식을 끓일 때는 먼지나 재 등 더러운 것들이 생겨날 수밖에 없다. 그런데 잠을 자는 침실에서는 특별히 털고 닦는 청소가 필요하다. 그렇지 않으면 누웠을 때 옷이 더러워질 수 있기 때문이다. 그러므로 침(寢)자는 빗자루가 놓여 있는 침실을 나타낸 것이 분명하다.

❶ ❷

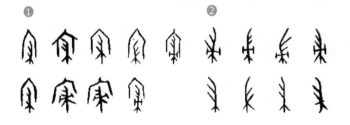

금문❸에서는 두 개의 자형이 추가되었다. 하나는 빗자루의 아랫부분에 손 하나를 더하여(🏠), 손으로 빗자루를 다루는 방식을 나타내었다. 다른 하나는 다시 여성의 모습을 더하여(🏠), 방을 청소하는 것이 여성의 직무라는 것을 나타내었다.

『설문해자』에서는 침(寢)에 대해 이렇게 풀이했다.

"침(寢)은 눕다는 뜻이다. 면(宀)이 의미부이고, 침(侵)이 소리부이다. 침(圓)은 침(寢)의 생략된 모습의 주문체이다."(圓, 臥也. 从宀, 侵聲. 圓, 籀文寢省.)

소전에서는 금문의 여성을 나타내는 부호를 남성을 나타내는 인(人)자로 바꾸었다. 남성은 빗자루를 사용하는 인물이 아니기 때문에 침(寢)자의 창제의미를 잃게 되어 형성자라고 오해받았다.

침실의 칸막이는 초기에는 방의 뒤쪽에 있었으나 이후에 기술적으로 개선되어 여러 칸막이가 있는 집을 지어 더 많은 사람이 묵을 수 있게 되었다. 갑골각사에 동침(東寢), 서침(西寢), 신침(新寢)이라는 명칭이 있는 것으로 보아, 집 뒤편의 동쪽 끝과 서쪽 끝에 침실이 있었던 것을 알 수 있다. 발이 달린 침대는 원래 병이 났을 때 환자들을 대청에 눕게 한 것인데, 불행히 사망했을 때도 의례에 맞게 침대에서 사망할 수 있도록 준비하였다.

❸

이후에 의학이 점차 발전하면서 이 침대는 대청의 좌구가 되었다. 또 오랜 시간이 지나고 나서 이 병상은 침실로 옮겨져 일반인의 침대가 됐다. 그래서 현재의 침(寢)자는 침대가 하나 있는 자형으로 쓴다(108쪽, 질(疾)자 부분 참고).

034 찰 한

hán

고대에는 빗자루로 바닥을 청소하는 곳이 침실이었다. 이는 사람들이 가장 먼저 바닥에서 잤다는 것을 보여준다. 그래서 잠을 자는 곳만 깨끗이 청소할 필요가 있었다. 바닥은 습기를 피할 수 없고, 불편할 뿐만 아니라 또 건강에도 좋지 않았기 때문에, 마른 풀 위에서 잠을 자게 되었다.

금문에서 한(寒)자는 한 사람이 4개(많음을 표시)의 풀 속에 든 모습(,)이다. 그런데 이렇게 자는 것은 추위를 충분히 막아줄 수 없었기에 '차갑다'는 의미를 갖게 되었다. 또 다른 자형은 사람의 아래에 서로 겹쳐 있는 두 개의 짧은 가로획이 있는 모습이다. 이때 짧은 가로획은 어떤 의미를 가지는 것이 아니라 빈 공간을 채운 것일 뿐이지만, 바닥에 습기가 있다는 의미를 나타내는 것일 수도 있다.

『설문해자』에서는 한(寒)에 대해 이렇게 풀이했다.

"한(寒)은 춥다는 뜻이다. 사람이 집 안에 있는 모습이다. 망(茻: 풀더미)으로 구성되었는데, 위아래로 덮은 모습이고, 아래에는 얼음이 있다."(, 凍也. 人在下, 从茻上下為覆, 下有仌也.)

허신은 이 자형이 사람이 잠을 잘 때, 위아래로 풀을 덮었음을 표현했다고 여겼으나, 창제의미는 이와 같지 않을 수 있다.

035 　묵을 숙

sù

사람들은 먼저 마른 풀에서 잠을 잤으나, 풀로 엮은 돗자리에서 자게 되면서 매일 지저분한 건초를 정리하는 번거로움을 피할 수 있었다.

갑골문에서 숙(宿)자❶는 한 사람이 짚으로 짠 돗자리에 누워 있거나(圖), 집 안의 멍석 위에 누워 자는 모습이다(圖). 이는 밤에 잠을 오래 자는 것이니, '숙박(宿泊)'이나 '하룻밤이 지난 시간'을 나타내게 되었다.

금문❷에서는 자형이 하나 더 늘어났는데(圖), 가면을 쓴 사람(주술사)이 4개의 풀 사이에서 자는 모습이다. 이 시대에는 이미 돗자리에서 잠을 자는 일이 보편적이었지만, 주술사는 마른 풀에서 자야 했다. 이것은 아마도 주술을 행할 때의 행위일 것이다. 『의례』, 『순자』, 『좌전』, 『묵자』 등 선진시대의 문헌에는 "멍석에서 자며 흙덩이를 베개로 삼다.(寢苫枕塊)"라는 내용이 여러 차례 언급되어 있다. 이는 상을 치르는 중에 가지는 가장 간소한 침구로, 애도를 표하며 편안함을 바라는 마음을 나타내었다. 일부 주석에서는 "여름에는 흙덩이를 베개로 삼고, 겨울에는 마른 풀로 베개를 삼은 것은 부모가 흙에 있는 것을 슬퍼한 것이다.(夏枕塊, 冬枕草, 哀親之在土也.)"라고 하였다.

❶　　　　　❷

침괴(枕塊)는 '흙덩이를 베개로 삼는다'는 뜻이다. 흙덩이는 딱딱하게 굳어야 머리 무게를 견딜 수 있는데, 당시에는 이미 흙을 구워 딱딱하게 만든 베개를 상갓집에 공급했을 가능성이 크다. 점토의 성질이 시원하기 때문에 여름에는 흙으로 구운 베개를 사용하였고, 겨울에는 마른 풀을 사용하였다. 마른 풀 위에서 자거나 마른 풀을 베개로 하는 것은 모두 정상적인 상황이 아니다. 그러므로 가면을 썼다는 것은 일반 사람이 아니라는 것(주술사)을 나타낸다.

『설문해자』에서는 숙(宿)에 대해 이렇게 풀이했다.

"숙(宿)은 멈춰서 쉰다는 뜻이다. 면(宀)과 숙(侚)으로 구성되었다. 숙(侚)은 숙(夙)의 고문체이다."(宿, 止也. 从宀, 侚. 侚, 古文夙)

허신은 이 자형이 한 사람이 자는 모습이라는 것을 알지 못하고, 이 글자의 창제의미를 아침에 달을 떠나보내는 숙(夙)자에서 비롯되었다고 해석하였다.

036 병들어 기댈 녁

疾 ji   chuáng

짚으로 만든 돗자리는 습기를 근원적으로 차단할 수 없었기에, 점차 침대에서 잠을 자는 방식으로 개선되었다. 그러나 다리가 달린 침대는 처음에 일반인이 잠을 자는 용도가 아니었다.

갑골문에서 녁(疒)자❶의 자형을 가로로 눕혀 보면(疒), 한 사람이 다리가 달린 침대 위에 누워있는 모습이거나, 때로 몸에서 땀을 흘리거나 피를 흘리는 모습이다. 상나라 때에는 일반적으로 돗자리 위에서 잠을 잤고, 병이 났을 때에야 침대 위에서 잤다. 그러므로 그 시기에 이미 수면과 질병의 의미를 구분해서 표현하였음을 알 수 있다.

『설문해자』에서는 녁(疒)에 대해 이렇게 풀이했다.

"녁(疒)은 의지하다는 뜻이다. 사람이 질병이 있어, 무엇인가에 기대어 붙어있는 모습이다. 녁(疒)으로 구성된 글자들은 모두 녁(疒)이 의미부이다."(疒, 倚也. 人有疾痛也. 象倚箸之形. 凡疒之屬皆从疒.)

❶

허신은 이 글자를 다른 각도에서 봐야 한다는 것을 몰랐기에, 아픈 사람이 어떤 물건에 의지하는 모습이라고 착각하였다.

고대에 사람들은 침대에서 죽어야 예의를 지키는 것이었다. 침대에서 죽지 않으면 영혼이 다시 태어나기 어려울 것이라고 믿었기 때문이다. 그 당시는 의학이 발달하지 않았으므로 병이 나면 쉽게 죽을 수 있었다. 그러므로 일단 병에 걸리면 최악의 상황에 대비하여 환자를 침대에 재워, 설사 환자가 죽는다 해도 예의에 어긋나지 않게 했다.

『설문해자』에서는 침(牀)에 대해 이렇게 풀이했다.

"병이 나서 누워 있는 모습이다. 몽(瘳)의 생략된 모습이 의미부이고, 침(爿)의 생략된 모습이 소리부이다."(牀, 病臥也. 从瘳省, 爿省聲.)

침대에서 잠을 잔다는 말은 병이 나서 누워 있다는 뜻이다. 이는 침대가 일반인을 위한 게 아니라 죽음을 위한 의식을 위해 준비되었음을 설명한 것이다.

이 글자의 구조는 소전의 몽(夢)자보다 빗자루 하나가 더 많은데, 실제로 침(寢)과 몽(夢)으로 조합되어, 병으로 누워있을 때 꿈을 꾸는 것을 표현하였다. 중병을 앓을 때 꿈을 꾸기가 쉬운데, 『논형·사위(死僞)』에서는 "사람이 병이 생기면, 죽은 조상이 와서 그 옆에 서 있는 꿈을 많이 꾼다.(人病, 多或夢見先祖死人來立其側.)"라는 구절이 있다. 이후에 의학이 발달하면서 환자는 병상에서 오랫동안 생활할 수 있게 되었고 심지어는 완쾌될 수도 있었다. 침대는 점차 대청의 좌구가 되었고, 마지막에는 침실에서 잠을 잘 수 있는 기구로 바뀌었다. 이러한 변화는 대개 전국시대에 점차 형성되었다.

『예기·간전(間傳)』에서는 "부모의 상에는 여막에 거처하며, 거적 위에서 자고 흙덩이를 베개로 하며, 질과 대를 벗지 않는다. 재최의 상에는 악실에 거처하며, 부들자리의 끝을 가지런하게 잘라서 감추지 않는다. 대공의 상에는 자는 곳에 자리가 있고, 소공시마에는 평상이 있어도 좋다. 이는 슬픔이 거처하는 곳에서 나타나는 것이다.(父母之喪, 居倚廬, 寢苫枕塊, 不說絰帶. 齊衰之喪, 居堊室, 苄翦不納. 大功之喪, 寢有席. 小功緦麻, 床可也. 此哀之發於居處者也.)"라는 구절이 있는데, 수면 도구에 따라 복상의 정도가 다르게 표현되었다. 침대는 이미 일반적으로 건강한 사람의 일상 침구가 되었다.

037 **꿈 몽**

mèng

질(疾)자와 비슷한 구조를 가진 글자에 몽(夢)자가 있다. 갑골문에서 몽(夢)자❶의 경우, 복잡한 자형은 눈썹이 크게 그려진 사람이 침대에서 자는 모습인데, 눈을 크게 뜨고 마치 무언가를 보는 것처럼 그려졌다.

그리고 간단한 자형은 눈을 생략하고 눈썹과 몸만 그려진 사람이 침대에서 자는 모습이다. 청동기의 명문에서는 꿈을 꾸는 일에 대한 언급이 없기에 몽(夢)자를 보지 못했다. 소전에 있는 두 개의 글자가 이 글자와 직접적인 관계가 있다.

『설문해자』에서는 몽(夢)과 몽(寢)에 대해 이렇게 풀이했다.

> "몽(夢)은 분명하지 않다는 뜻이다. 석(夕)이 의미부이고, 몽(瞢)의 생략된 모습이 소리부이다."(夢, 不明也. 从夕, 瞢省聲.)

> "몽(寢)은 잠을 자면서 깨닫는 것을 말한다. 면(宀)으로 구성되었고 또 녁(疒)으로 구성되었는데, 몽(夢)은 소리부이다.…몽(寢)으로 구성된 글자들은 모두 몽(寢)이 의미부이다."(寢, 寐而覺者也. 从宀从疒, 夢聲.…凡寢之屬皆从寢.)

❶

이 두 글자는 현재 이미 몽(夢)자로 병합되었다. 갑골문의 자형과 비교해봤을 때, 소전에서는 면(宀)자와 석(夕)자가 더해졌는데, 이는 대부분 밤에 집에서 꿈을 꾸기 때문일 것이다. 이 글자는 병으로 누워 있는 모습을 그린 침(寢)자에 추(帚)자가 빠져 있는 모습이다. 이는 꿈을 꾸는 것과 병으로 침대에 누워 있는 것이 다른 의미라는 것을 구별하기 위해, 미세하게 자형을 달리한 것이다.

상나라나 그 이전의 사람들은 땅에 마른 풀이나 돗자리를 깔고 잠을 잤기에, 다리가 있는 침대는 죽음에 가까운 사람들을 위해 준비된 시체안치소였다. 꿈을 꾸는 것은 누구나 평소 경험할 수 있는 일인데, 왜 돗자리가 아닌 시체를 두는 침대에 눕는 것으로 글자의 의미를 표현했을까?

고대 사람들은 씨족 전체가 사냥을 나가거나 이주하는 등 결정해야 할 중요한 일이 있을 때 일부 민족은 신령에게 점치는 방법으로 계시를 구했다. 그런데 이 민족에게 '꿈속은 귀신들이 사람들에게 지시하는 곳'이라는 신앙이 있다면, 사람들은 꿈속에서 신령의 지시를 받으려고 할 것이다. 기억할 수 있는 꿈을 꾸는 것은 필요할 때 생기는 것이 아니다. 그래서 일부 부족은 단식이나 약물 투약과 같은 방식으로 몸을 허약하게 만들거나 정신을 혼미하게 만들어, 꿈을 꾸는 듯한 환각에 빠졌다. 우리가 각성할 때 가지는 시각적인 공상을 백일몽이라고 부르는 것도 같은 경험에서 비롯된 것이다.

고대 사람들은 꿈을 꾸는 것을 신령이 감응한 것이라고 여겼다. 그래서 부족을 이끄는 주술사나 추장들은 일족의 안위를 지켜야 하는 중책을 지고 있기 때문에, 그들이 꾸는 꿈은 대중의 복지와 밀접한 관련이 있는 것으로 여겨졌고, 자연히 중시되었다.

갑골문에서 몽(夢)자가 특히 꿈을 꾸는 사람의 눈썹을 그린 것은 꿈을 꾸는 것이 주술사나 추장이 담당해야 할 일이라는 것을 나타낸 것이다. 고문자에서는 흔히 눈이나 눈썹을 그려서 귀족의 모습을 표현하였다. 상나라의 사람들은 귀신이 뒤에서 장난치는 것과 꿈을 꾸는 것은 모두 질병을 일으킬 수 있다고 여겼다. 즉, 꿈은 정령들이 감응하는 현상이라서 귀신과 연관이 있으므로, 병을 일으킬 수 있다고 여겼던 것이다. 또한 꿈은 신령들이 주는 계시라고 생각했기 때문에, 점을 쳐서 꿈의 내용이 재앙 혹은 복인지를 철저히 밝히려고 하였다. 그런데 만약 재앙이라면 또 어떤 방법을 써서 재앙을 떨쳐버릴 수 있는지 알아내려고 하였다.

제**4**부

기물과 설비

038

집 실

shì

건축 기술이 발전하면서, 잠을 잘 수 있는 전용 침실이 생겼을 뿐만 아니라, 여러 개의 방으로 나누어 각각의 용도로도 사용할 수 있게 되었다.

상나라 때에는 '침(寢: 침실)' 외에도, '실(室: 방)'과 '청(廳: 대청)'도 있어, 집의 내부 공간을 세 종류로 나누었다.

갑골문에서 실(室)자❶는 집 안[宀]에 지(至)가 있는 모습으로, 면(宀)이 의미부이고 지(至)가 소리부인 형성구조이다. 금문❷에서는 때로 집안에 지(至)가 2개 있는 모습의 복잡한 자형이 등장하기도 한다.

『설문해자』에서는 실(室)을 회의자로 해석하고, 이렇게 풀이했다.

"실(室)은 실(實)과 같아 가득차다는 뜻이다. 면(宀)으로 구성되었고, 또 지(至)로 구성되었다. 지(至)는 멈추는 바를 말한다."(室, 實也. 从宀从至. 至, 所止也)

허신은 방 안에 사람이 머무는 곳을 나타낸다고 설명하였다.

❶ ❷

실(室)이란 다용도 공간을 말하는데, 갑골복사에서 언급하는 실(室)에 대(大), 소(小), 동(東), 서(西), 남(南), 중(中), 혈(血), 신(新), 사(司) 등의 명칭이 있는 것으로 보아, 집에 크기, 위치, 용도가 다른 여러 개의 방이 있었던 것이 분명하다. 아래의 그림은 하남성 언사(偃師) 이리두(二里頭) 유적지에 있는 초기 상나라 궁전의 터로, 전체 정원과 건물의 토대를 복원하여, 11개의 방이 있다는 것을 알게 되었다.

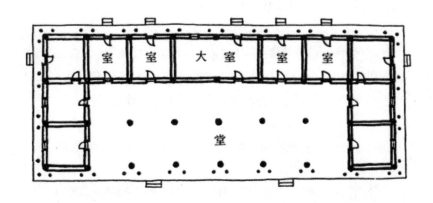

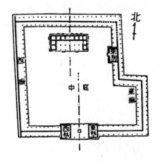

039
관청 청

ting

갑골문에서 청(廳)자❶는 집 안에 '청(聽: 듣다)'자가 있는 모습으로, 면(宀)이 의미부이고 청(聽)이 소리부인 형성구조이다. 또한 청(聽)자❷는 귀(耳) 하나와 입(口)이 하나 혹은 두 개 있는 모습이다. 귀로 입에서 나오는 소리를 듣는다는 의미를 나타낸 것이다. 소전에서는 복잡한 자형(聽)으로 바뀌었다.

갑골각사에는 우청(盂廳)과 소청(召廳)이라는 명칭이 언급되어 있다. 청(廳)은 삼면이 방(室)으로 둘러싸여 있는 넓은 대청을 말하는데, 중요한 사건과 의식을 이곳에서 거행하였다. 건물 한 채에 대청이 하나밖에 없기 때문에, 우청과 소청은 각각 다른 건물에 있는 대청의 명칭을 말한다. 청(廳)자는 이후에 정(庭)자로 바뀌었을 가능성이 있다.

『설문해자』에서는 정(庭)에 대해 이렇게 풀이했다.

"정(庭)은 궁중을 말한다. 엄(广)이 의미부이고, 정(廷)이 소리부이다."
(庭, 宮中也. 从广, 廷聲.)

❶   ❷

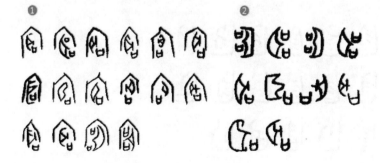

040 조정 정

廷 直

tíng

상나라와 주나라는 행사를 치르는 스타일이 다르다. 상나라는 대청에서 중요한 의식을 거행하는데 반해, 주나라는 대청의 앞뜰에서 거행하였다.

금문에서 정(廷)자❶는 자형이 많이 변했는데, 대체로 최초의 자형은 直이다. 정(廷)은 신하들이 왕에게 경의를 표할 때 서는 곳으로 계단의 앞에 위치한다. 대청마루의 양쪽에 나 있는 계단들은 대청을 오르내리기 위한 용도로 만들어졌다. 계단은 일반적으로 세 단계가 있는데, 세 개의 대각선 그림으로 표시를 하였다. 즉, 정(廷)자는 사람이 세 단계로 된 계단 앞에 서 있는 장소인 것이다.

❶

글자의 변천과정을 살펴보면, 먼저 인(人)자의 아래에 짧은 가로획을 더하여 땅을 표시하고, 그런 다음 사람 몸에 짧은 가로획의 장식성 부호를 더하여 𡈼이 되었다. 그리고 나서 사람 몸 위의 짧은 두 개의 획을 나누어 토(土)자로 만들고는 세 개의 대각선을 대체하고 廷이 되었다. 소전의 자형은 또 잘 못 그려져, 『설문해자』에서는 정(廷)에 대해 이렇게 풀이했다.

"정(廷)은 조정을 말한다. 인(廴)이 의미부이고, 정(壬)이 소리부이다."(廷, 朝中也. 从廴, 壬聲.)

금문의 자형 변천을 통해, 정(廷)자는 회의자이지 형성자가 아니라는 것을 알 수 있다.

041

갈 거

qù

모든 생명체는 체내에 필요 없는 것을 배설해야 한다. 인구가 증가하면서, 아무 곳에서 대소변을 본다면 일상생활에 지장을 줄 것이다. 그래서 사람들은 생활에 지장을 주지 않는 숨은 장소에서 대소변을 보았다.

갑골문에서 거(去)자❶는 한 사람이 두 발을 비틀고 구덩이에 쪼그리고 앉은 모습을 그렸다. 사람이 구덩이에 웅크리고 앉아서 배변을 보는 모습이며, 이로부터 '버리다'는 뜻이 나왔다고 추측하는 것이 합리적일 것이다.

갑골복사에는 '거우(去雨: 비가 언제 그치고 오는지)'에 관해 점쳐 물은 것이 있다. 이로써 거(去)자에 '떠나다'는 의미가 생겼다. 그래서 금문❷의 자형에서는 때로 지(止: 발)를 더하여 어떤 장소를 떠난다는 의미를 더욱 명확하게 하였다(🏃).

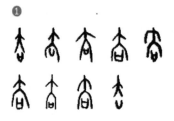

❶

『설문해자』에서는 거(去)에 대해 이렇게 풀이했다.

> "거(去)는 사람이 서로 떨어지는 것을 말한다. 대(大)가 의미부이고,
> 감(凵)이 소리부이다. 거(去)로 구성된 글자들은 모두 거(去)가 의미
> 부이다."(杏, 人相違也. 从大, 凵聲. 凡去之屬皆从去.)

허신은 거(去)자를 감(凵)이 소리부인 형성구조로 여겼다.

또 『설문해자』에서는 감(凵)에 대해 이렇게 풀이했다.

> "감(凵)은 감로(凵盧)를 말하는데, 밥을 담는 그릇으로 버드나무로
> 만들었다. 상형이다. 감(凵)으로 구성된 글자들은 모두 감(凵)이 의미
> 부이다. 감(䇞)은 감(凵)의 혹체로, 죽(竹)이 의미부이고, 거(去)가 소리
> 부이다."(凵, 凵盧, 飯器, 以柳爲之. 象形. 凡凵之屬皆从凵. 䇞凵或从
> 竹, 去聲.)

허신은 감(凵)자를 버드나무 가지를 엮어서 만든 밥을 담는 그릇의
모습이라고 해석하였다. 어떤 사람들은 삼태기로 배설물을 모아 식물의
비료로 사용했다는 사실도 배제하지 않았으나, 고문자에서 감(凵)은 기
본적으로 함정을 나타내는 부호로 사용되었기 때문에, 이를 함정으로
해석하는 것이 비교적 정확하다.

❷

함정이든 삼태기든 상관없이, 거(去)자는 특히 한 사람이 쪼그리고 앉아 있는 자세를 표현하였다. 이는 대소변을 볼 때 가장 흔한 자세인 만큼 '배설하다'는 의미를 나타내는 것은 매우 합리적이라고 할 수 있겠다. 그런데 두 발을 비튼 자세를 그리려면, 글씨를 바꿔야 해서 번거로웠기 때문에, 점점 직각으로 바뀌었다. 동시에 구조 또한 포함된 형식에서 상하로 분리로 형식으로 바뀌어, 한 사람이 쪼그리고 앉아 있는 것과 구덩이의 관계를 알아보기 힘들게 되었다. 비 오는 날에 비를 맞으며 밖으로 나가 대소변을 본다면 불편했을 것이다. 그래서 실내에 공간이 충분하다면, 자연히 대소변을 보는 곳을 집 안에 두었을 것이고, 이로 인해 생활이 더욱 편리해졌을 것이다.

『유래를 품은 한자』(제1권 동물편)에 소개된 혼(圂)자❸는 돼지를 사육하는 곳을 말한다. 사람과 돼지는 모두 잡식성 동물로, 대변은 퇴비의 좋은 재료가 되기 때문에 화장실을 돼지를 기르는 곳에 설치하여 대변을 모으기 쉽게 하였다. 일반적인 가옥에서 침실은 서쪽의 깊은 곳에, 화장실은 동쪽의 깊은 곳에 두었다.

❸

042

할미새 옹

雍　　雝　　（그림）

yōng

집의 면적이 커질수록 각기 다른 방을 두어 안팎을 구별했으며 그 기능들도 각각 달리 했다. 귀족들은 여기에서 한 걸음 더 나아가, 공무를 하는 곳 외에 여가 공간도 만들어 답답한 마음을 해소시키려 하였다.

갑골문에서 옹(雝)자❶는 가장 복잡한 자형인 경우, 궁(宮, （글자）), 수(水, （글자）), 조(鳥, （글자）)의 세 가지 요소로 구성되었다. 물이 흐르고 새가 지저귀는 대형 궁전 안뜰을 말한다. 이는 매우 고급스런 건물로, 최상의 계급만이 소유할 수 있었다. 그래서 이후 최고 지도자인 황제의 궁정을 '벽옹(璧雝)'이라고 불렀다. 간략화 된 자형의 경우, 물(水)을 생략하고 궁(宮)도 구(口)의 형체만 남았다.

금문❷의 자형은 세 개의 구성 성분이 있는 구조를 대부분 유지하고 있는데, 물의 모습이 더욱 분명해 보인다.

❶

❷

『설문해자』에서는 옹(雝)에 대해 이렇게 풀이했다.

"옹(雝)은 할미새를 말한다. 추(隹)가 의미부이고, 옹(邕)이 소리부이
다."(雝, 雍渠也. 从隹, 邕聲.)

허신은 옹(雝)이 할미새의 명칭이고, 추(隹)가 의미부이고 옹(邕)이
소리부인 형성구조라고 말했다.

또『설문해자』에서는 옹(邕)에 대해 이렇게 풀이했다.

"옹(邕)은 마을의 사방에 물이 있는 모습이다. 옹(邕)이 연못이 된
것은 이 때문이다. 천(川)과 읍(邑)으로 구성되었다. 옹(雝)과 같이
읽는다. 옹('웅')은 옹(邕)의 주문체이다."(巻, 邑四方有水, 自邕成池者
是也. 从川·邑. 讀若雝. '웅', 籀文邕如此)

옹(雝)자에 포함된 궁(宮)자의 일부가 이미 읍(邑)자로 변했기 때문에,
옹(邕)자를 마을의 주위에 물이 흐르는 모습이라고 해석했다.

이상의 내용을 봤을 때, 옹(雍)자의 창제의미는 물과 새가 있는 궁전
으로, 가장 호화로운 주거건물을 뜻한다. 어떤 자형에서는 추(隹: 새)자
가 생략되고, 수(水)자가 또 천(川)자로 잘못 변해, 옹(邕)자가 궁전을 뜻
한다고 오해하게 됐는데, 옹(雝)자는 추(隹)가 의미부인 새의 이름이다.
지금 이 글자는 옹(雍)자로 더 간략화 되었다.

발굴된 상나라 건물에 아직까지 이러한 정원의 설계는 발견되지 않
았지만, 서주의 초기건물에 이러한 예가 있다. 섬서성 기산(岐山)에서 발
견된 서주 초기의 대형 건물들은 엄격하게 대칭되는 형태를 띠고 있는
데, 이는 중국 북부지역의 전통적인 가옥 양식인 사합원의 전신이다. 대문

은 두쪽으로 되어 있고, 그 문의 앞에 비석을 하나 세워 둠으로써, 문 밖에서 안으로 보는 시선을 차단시켰다. 대문의 양 옆에는 집을 지키는 숙(塾)이 배치되었다. 대문을 들어서면 중정(中庭: 정원)이 있고, 그 다음이 당(堂)이다. 당(堂)과 상나라 사람들이 말하는 청(廳)은 둘 다 예를 거행하고 손님을 접견하던 곳이다. 당(堂)의 뒤는 내화원(內花園)의 정원이다. 중정과 당(堂)의 양 옆에 있는 곁채는 모두 19개의 방으로 이루어져 있고, 주거와 음식을 하는 곳이다. 정원의 안에는 물이 흐르고 있다. 옹(雍)자의 창제의미에 따르면, 정원 안에서 화초를 심고, 새를 기를 수 있는 우아한 곳인 것이다.

정원 설계도의 발견과 관련하여, 도자기 인형이 묻혀 있는 12개의 건물로 구성된 당나라 건축은 직사각형의 두 개의 안뜰로 이루어져 있다. 이 건물에는 대문, 당방(堂房), 후방(後房), 6개의 곁채, 두 개의 정원에 있는 작은 정자, 팔각정, 인공산 등이 포함되어 있다. 이 후원에 있는 인공산과 연못은 여러 개의 봉우리가 나란히 서 있는 높은 산, 이어진 산봉우리가 겹겹이 쌓여 있는 모습, 우뚝 솟아 있는 괴이한 돌들, 산봉우리 사이에 쭉 뻗어 있는 소나무를 배경으로 한다. 주된 봉우리 위에는 작은 새 한 마리가 산 아래를 내려다보며 날갯짓을 하고 있다. 양쪽 측면에 있는 봉우리에도 각각 새 한 마리가 서 있어 서로 마주 보고 노래하는 것 같다. 산기슭의 아래에는 푸른 물의 연못이 있고, 그 연못에는 여러 마리의 물고기가 헤엄치고 있다. 연못가에는 또 두 마리의 새가 서서 위 아래로 목을 길게 빼서 물을 마시고 있다. 이는 마치 신선이 사는 아름다운 곳에 인간들이 휴식을 취하는 모습과도 같다(다음 쪽 그림).

▌도자기 인형이 묻혀 있는 12개의 건물로 구성된 당나라 건축의 모형.

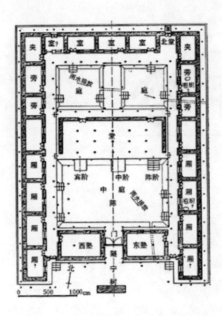

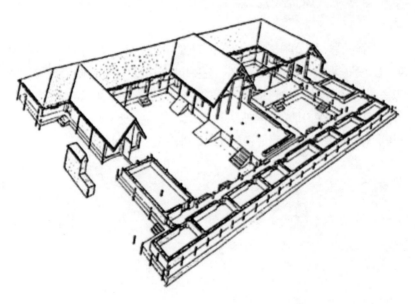

┃섬서성 기산(岐山)의 서주 초기 건물복원도. 뒤뜰에는 물이 흐른다.

043 얼굴 용

róng

금문에서 용(容)자는 면(宀)이 의미부이고 공(公)이 소리부인 형성 구조(容)로 보인다. 이후 소전에서는 면(宀)과 곡(谷)으로 구성된 회의 구조로 바뀌었다. 이것이 바로 글자를 만든 창제의미일 수도 있다.

『설문해자』에서는 용(容)에 대해 이렇게 풀이했다.

"용(容)은 담다는 뜻이다. 면(宀)이 의미부이고, 곡(谷)이 소리부이다. 용(容)은 용(容)의 고문체인데, 공(公)으로 구성되었다."(容, 盛也. 从宀, 谷聲. 容, 古文容. 从公.)

곡(谷)자는 공(公)자보다 필획이 2개 더 많은데, 곡(谷)자와 용(容)자의 음운은 공(公)자와 용(容)자의 음운보다 더 멀기 때문에, 흔히 볼 수 있는 공(公)자를 드물게 보이는 곡(谷)자로 바꿀 필요가 없었다. 그래서 공(公)자를 곡(谷)자로 바꾼 게, 필획을 잘 못 쓴 게 아니라 의도적인 거라면, 회의자로 된 새로운 구조형식으로 바꾼 것일 것이다.

갑골문에서 곡(谷)자❶는 물이 흘러나오다(八은 여러 물줄기가 나눠진 모습) 장애물을 만나 갈라지는 모습을 그렸다. 이것은 계곡에서 흔히 볼 수 있는 현상이므로, 계곡의 의미를 나타내는데 사용되었다.

금문❷의 자형은 전혀 바뀐 것이 없다. 『설문해자』에서는 곡(谷)에 대해 이렇게 풀이했다.

> "곡(谷)은 샘이 흘러나와 내로 통하는 것을 말한다. 계곡으로 흘러나오는 물이 절반만 그려진 모습이다. 곡(谷)으로 구성된 글자들은 모두 곡(谷)이 의미부이다."(㕤, 泉出通川為谷. 从水半見出於口. 凡谷之屬皆从谷.)

허신은 샘물이 흐르는 모습이라고 해석하였다. 용(容)은 '수용(受容)하다', '포용(包容)하다'는 뜻으로 쓰이는데, 바위와 샘물을 다 수용할 수 있는 화원만큼 거처하는 곳의 면적이 크다는 뜻을 반영하였다. 이는 옹(雍)자의 창제의미와 비슷하다.

❶　　　　　　❷

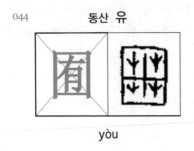

044 　동산 유

yòu

야생 동물이 뛰어다니고, 말을 타고 사냥을 할 수 있는 넓은 면적의 숲은 인공산수가 있는 정원보다 더욱 화려하다.

갑골문에서 유(囿)자❶는 어떤 특정 지역을 초목을 심는 원예지로 구분해 놓은 모습이다. 일반적으로 곡물을 재배하는 밭이나, 심지어 경제적 가치가 있는 숲은 이렇게 애써 담장을 만들어 보호할 필요가 없다. 이곳은 귀족들이 사냥이나 잔치를 행할 때 전체를 에워싸 다른 사람들이 제멋대로 출입하지 못하도록 한 곳이라는 의미를 담았다. 금문에서 유(囿, 🐾)자는 이미 형성구조로 바뀌었다. 『설문해자』에서는 유(囿)에 대해 이렇게 풀이했다.

　　"유(囿)는 동산이 담으로 둘러싸여 있는 모습이다. 국(囗)이 의미부이고, 유(有)가 소리부이다. 달리 동물들을 키우는 곳을 유(囿)라고 하기도 한다. 유(🌿)는 유(囿)의 주문체이다."(🐾, 苑有垣也. 从囗, 有聲. 一曰所以養禽獸曰囿. 🌿, 籒文囿.)

　　『설문해자』에 수록된 두 개의 자형이 있고서야, 갑골문의 자형이 유(囿)자임을 확정할 수 있었다. 갑골복사에는 상나라 왕이 정원에 가거나 정원에 특별히 심은 기장이 이미 향긋해졌는지 묻는 기록이 있다. 그러나 상나라 왕은 심은 기장만을 보았을 뿐, 주된 목적은 사냥을 나서는 데 있었다.

❶

기와 와

wǎ

기와는 지붕을 덮고 있는 도기의 명칭이다. 초기의 지붕은 일반적으로 띠 풀의 위에 진흙을 덮어 비바람을 막았다. 용마루는 지붕의 두 경사면이 교차하는 부분으로, 누수 방지 효과가 다른 부분보다 떨어지기 때문에 물이 새지 않는 것으로 덮을 필요가 있었다.

초주(譙周)는 『고사고(古史考)』에서 "하나라 때 곤오씨가 기와를 만들었다.(夏時昆吾氏作屋瓦)"라고 했다. 그러나 하나라 이후의 상나라에서 와(瓦)자는 볼 수 없을뿐더러 질기와도 출토되지 않았다. 혹 당시 용마루의 덮개 부분이 나무로 만들어져 땅속에서 썩어 없어졌을 수도 있다. 고고학적인 발견에 따르면, 서주 초기의 궁전 지붕에 질기와를 사용하여 방수효과를 높이기 시작했다는 걸 알 수 있다. 주나라에 질기와가 있었다 해도, 아직까지 와(瓦)자를 발견하지 못했다.

『설문해자』에서는 와(瓦)에 대해 이렇게 풀이했다.

"와(瓦)는 불에 구운 도기를 일반적으로 부르는 명칭이다. 상형이다. 와(瓦)로 구성된 글자들은 모두 와(瓦)가 의미부이다."(ᢒ, 土器已燒之總名. 象形也. 凡瓦之屬皆从瓦)

허신은 와(瓦)자가 상형자이며, 불에 구운 도기를 일반적으로 부르는 명칭이라고 해석하였다. 소전에서는 두 개의 기와가 서로 겹쳐져 서로를 물고 있는 모양인데, 기와가 용마루에 놓인 모습일 수도 있고, 지붕에 놓인 모습일 수도 있다. 그러나 둘 다 겹쳐진 방식은 똑같다.

초기의 가마들은 면적이 작아 매번 구워내는 수량이 제한적이었기 때문에 원가가 비교적 높았는데, 주로 물과 음식을 담기 위한 목적으로 만들어졌다. 서주 초기에 도자기를 굽는 기술이 향상되고 원가가 낮아지자, 귀족 계급은 기와로 지붕을 덮어 누수를 방지하는 효과를 높였다. 그런데 그 당시 지붕을 지탱하던 나무 기둥은 견딜 수 있는 무게가 제한적이었기 때문에, 기와의 모양과 남아 있는 진흙의 흔적으로 보아, 용마루 부분만을 도기로 만든 기와로 덮었고, 지붕 부분은 전통적인 띠 풀로 덮었다는 것을 알 수 있다.

춘추시기의 유적지에서 비교적 많은 양의 판기와, 통기와, 와당이 발견되었으므로, 이 시기에 지붕까지도 판기와 및 통기와로 덮었다고 추측할 수 있다. 와당에는 무늬가 있으며, 지면과 수직으로 세워져 있어 비를 피할 수 없어, 주로 장식을 위해 만들어졌다. 아마도 기와는 값이 비싸 사치스러웠기 때문에 기와를 만든 것을 포악하고 사치스러운 하나라의 걸왕 탓으로 돌렸을 것이다.

춘추시대 초기에도 기와는 여전히 비싼 제품으로, 모든 사람들이 쓸 수 있는 것이 아니었다. 『춘추』의 노나라 은공(隱公) 8년(기원전 715년)에 "송공, 제후, 위후가 기와집에서 회맹을 하였다.(宋公·齊侯·衛侯盟于瓦屋.)"라고 기록되어 있다. 회맹을 주나라의 온(溫)지역에서 했는데, 기와집이라고 써져 있는 것으로 보아, 기와로 덮은 건물을 당시 누구나 알고 있고 중요한 건물로 간주되었기 때문에, 굳이 장소를 명시할 필요가 없었다는 것을 알 수 있다. 전국시대에 이르러, 일반 사람들의 집도 보편적으로 기와로 지붕을 덮게 되었다(다음 쪽 그림).

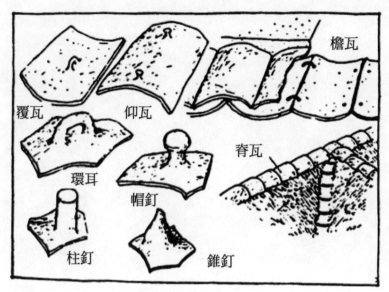

檐瓦

覆瓦 仰瓦

環耳 帽釘 脊瓦

柱釘 錐釘

▍서주 초기의 기와.

제5부

더 편하고
아름다운 생활

046 **베풀 선**

宣

xuān

사람들은 대부분의 시간을 집 주변에서 보내지만, 여력이 생긴다면 집을 더욱 아름답게 꾸미려고 할 것이다. 편안하게 사는 것뿐만 아니라 집을 꾸밈으로서 자신의 부를 과시하고자 한 것이다.

고대의 집을 살펴보면, 지붕을 떠받치는 기둥과 가로로 건너지른 대들보는 모두 나무로 만들었고, 벽은 진흙을 쌓아 만들었는데, 이 둘을 다 장식할 수 있는 방법이 있었다.

5천5백여 년 전, 중국의 남부 지역에서는 색깔과 광택을 더하기 위해 기물의 표면에 생칠을 하였다. 이러한 방식은 이후에 목재를 부식으로부터 보호하는 효과가 있는 것으로 밝혀졌다. 생칠의 색상은 검은색인데, 착색제를 첨가해서 붉은색이나 녹색 등과 같은 다른 색깔을 만들어 내어, 시각적 효과를 높였다. 광물에는 색깔이 든 경우가 많아, 분말로 갈아서 물을 첨가하면 물감이 되었기에, 이를 벽에 칠할 수도 있었다. 고대 사람들은 이러한 것을 응용하는 것을 놓치지 않았다. 5천여 년 이전의 홍산(紅山) 문화 유적지에서 붉은색 사이에 노란색과 흰색이 교차하여 섞인 삼각형 무늬와 붉은색이 서로 맞물리게 그려진 벽화가 발견되었다.

상나라에 이르면 구리로 만든 도구가 일반적으로 사용되었고, 목공예 조각 기술은 더욱 숙련되어, 조각에다 색을 입히는 기법으로 가옥을 꾸미는 일이 필연적으로 발전할 수밖에 없었다.

갑골문에서 선(宣)자❶는 소용돌이 모양이었는데, 이후 집을 나타내는 부호(宀)가 추가되어, 이 글자가 집과 관련된 것임을 나타냈다. 이는 집을 장식하는 기하학적 패턴이라고 추론할 수 있다. 금문에서는 초기 자형이 보이지 않고(圓, 圓), 도안은 더 복잡한 소용돌이로 변했다.

『설문해자』에서는 긍(亘)에 대해 이렇게 풀이했다.

> "긍(亘)은 소용돌이치는 모양이다. 이(二)로 구성되었고, 또 회(囘)로 구성되었다. 회(囘)는 회(回)의 고문체이다. 빙빙 도는 모양을 그렸다. 아래위로 돌면서 물건을 구하다는 뜻이다."(圓, 求回也. 从二·从囘. 囘, 古文回. 象亘回之形. 上下所求物也.)

또 선(宣)에 대해 이렇게 풀이했다.

> "선(宣)은 천자의 선실을 말한다. 면(宀)이 의미부이고 긍(亘)이 소리부이다."(圓, 天子宣室也. 从宀, 亘聲.)

❶

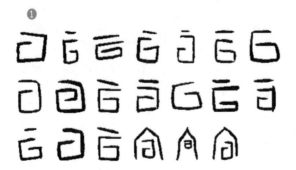

『설문해자』에서는 두 개의 글자로 수록하여, 하나는 회의자로, 다른 하나는 형성자로 풀이했다. 그러나 이 두 글자는 모두 동일한 글자가 시간에 따라 자형이 변한 것으로, 방의 장식 문양을 말한다. 방의 장식 문양은 자신을 과시하기 위한 것이었으므로, 선(宜)에는 '선양하다', '내보이다' 등의 의미가 있게 되었다.

상나라 때의 나무로 만든 기물은 보존되어 있지 않지만, 진흙 위에 찍혀 남겨진 목기의 색깔과 문양이 남아 있고 벽화 조각도 있기 때문에 나무 기둥과 벽이 모두 색으로 장식되었음을 알 수 있다. 『설문해자』의 설명처럼 선실(宜室)이 황제가 살던 방의 명칭이라고 한다면, 이런 장식이 있는 집은 결코 서민들이 누릴 수 있는 곳이 아니라 조상의 위패를 모신 종묘나 고위 귀족들만 가질 수 있다는 것을 알 수 있다. 춘추시대 초에 이르면 심지어 제후국의 종묘나 궁전에까지도 옻칠과 조각으로 장식되었는데, 이런 경우 황제의 제도를 침범한 것으로 간주되었다. 예를 들어 『춘추』 노(魯)나라 장공(莊公) 3년 때의 기록에 "단환공영(丹桓公楹)" 즉 장공이 그의 아버지 환공(桓公)을 기리는 사당의 기둥을 붉은색으로 칠한 것에 대한 언급이 보이는데, 『좌씨전』, 『공양전』, 『곡량전』 모두에서 이는 적절한 예절이 아니라고 평가했다. 한 나라에 이르러 선실(宜室)은 황제의 대명사가 되었다. 당연히 붉은 옻칠과 나무 조각을 한 방은 최고위 권력의 상징이었다.

상나라의 건축물이 얼마나 멋졌는지는 알 수 없지만 전국시대 사람들의 묘사를 통해 한두 가지는 엿볼 수 있다. 『설원반질(反質)』에서 『묵자』를 인용하여 이렇게 말했다.

"주(紂)왕이 만든 녹대(鹿臺)와 산등성이처럼 높고 큰 술통과 연못처럼 넓은 술 웅덩이, 숲처럼 빽빽이 들어선 고기 숲, 화려하게 장식된 궁전 벽화, 아름답게 조각된 나무 기둥, 화려하게 수를 놓은 면직물에 이 황금과 비취로 장식한 커튼들이 큰 홀에 내걸렸다."(紂為鹿台

糟丘, 酒池肉林, 宮牆文畫, 雕琢刻鏤, 錦繡被堂, 金玉珍幃)

이러한 설명은 사실과 그다지 차이나지 않을 것이다.

서주 때의 「선부산정(善夫山鼎)」 명문에도 "왕께서 주나라의 황궁에 계셨는데, 무늬로 장식된 선실에서 의식을 거행하셨다.(王在周, 各圖室.)"라고 했다. 도실(圖室)은 의식을 거행하던 옻칠과 벽화가 새겨진 대청이다. 굴원(屈原)은 조상의 사원, 즉 종묘의 벽에 그려진 역사적인 이야기를 보고 그 내용에 대해 의문을 품고서, 그 유명한 「천문(天問)」을 쓰게 되었다.

047 베개 **침**

zhěn

"몸이 불편해 잠을 이루지 못하고, 입은 맛을 느끼지 못한다." 편안하게 잠을 잘 수 없다는 것은 매우 성가신 일이다.

베개는 편안하게 잠을 잘 수 있게 해주는 중요한 도구이다. 잘 때 종종 옆으로 눕는 자세는 뺨과 몸의 높이가 같지 않게 된다. 그래서 뺨을 지탱할 물건을 사용하지 않으면 목이 피로해져 수면의 깊이를 방해하고 심지어 통증을 유발할 수도 있다. 그래서 편안하고 오래 수면을 취할 수 있는 방법을 찾아야 했다. 고대 사람들은 이 문제를 해결할 때 자신의 신체 기관을 가장 자주 활용하였는데, 자연스럽게 '팔을 굽혀서 베개로 삼게' 되었다. 그러나 이는 결국 이상적인 방법이 아니었기 때문에, 정착생활을 하고 난 이후에는 오래 쓸 수 있는 베개를 만들어야 했다.

가장 초기의 베개는 나무의 표면을 평평하게 깎아 만들었을 것으로 추정된다.

『설문해자』에서는 침(枕)에 대해 이렇게 풀이했다.

"침(枕)은 누워 있을 때 머리를 받치는 기구를 말한다. 목(木)이 의미부이고 임(冘)이 소리부이다."(枕, 臥所以薦首者. 從木, 冘聲)

또 임(尢)에 대해 이렇게 풀이했다.

"임(尢)은 어정어정 걷는 모습을 말한다. 사람이 먼 곳으로 떠나는 모습을 그렸다."(尢, 尢尢行貌. 从儿出冂.)

목(木)은 베개를 만드는 재료를 나타내며, 소리부로 쓰인 임(尢)은 머리를 베개에 기대어 옆으로 누워있는 사람의 모습을 표현한 것으로, 무거운 짐을 지고 걷는 모습과는 다르다. 임(尢)과 침(枕)은 음운도 가깝지 않기 때문에, 침(枕)이 형성자가 아닌 나무로 만든 베개를 직접 표현하였을 가능성이 크다.

048 　가운데 앙

央

yāng

갑골문에는 사람의 이름이 하나 등장하는데, 그 모양❶이 금문의 앙(央, 𣎺, 𣎼)자와 시간상 전후로 연결되는 자형으로 볼 수 있다. 앙(央)자의 창제의미는 목 밑에 베개를 베고 누운 성인의 정면 모습을 그린 것이다.

『설문해자』에서는 앙(央)에 대해 이렇게 풀이했다.

　"앙(央)은 중앙을 말한다. 대(大)자가 경(冂)자의 안에 든 모습이다. 성인을 말한다. 앙(央)과 방(旁)은 같은 뜻이다."(𣎺, 央中也. 从大在冂內. 大人也. 央旁同意.)

　허신은 앙(央)자를 한 성인이 문처럼 생긴 구조물 속에 서 있는 모습이며, 그래서 중앙이라는 뜻이 생겼다고 해석했다.

　앙(央)자에 있는 '장구하다'는 의미와 한나라 때의 미앙궁(未央宮)이라는 궁전은 대체로 『시경·소아·정료(庭燎)』의 "밤이 어떻게 되었는가? 밤이 끝나지 않았네.(夜如何其? 夜未央)"라는 구절에서 비롯되었을 것이다.

❶

이 단어는 밤새도록 평화롭게 자고 싶은 욕망과 관련이 있을 수 있다. 자형으로 봤을 때, 경(冂)은 작은 물건으로 사람이 그 속에 설 수는 없다. 임(尢)자와 대조해보면, 이들은 모두 머리를 베개에 얹고 평화롭게 잠자는 사람의 모습을 그린 것으로 보인다. 임(尢)자가 옆으로 누운 모습을 표현했고, 앙(央)자는 등을 대고 위를 바라보고 누운 자세를 표현했다.

『시경·갈생(葛生)』에서 "소뿔로 장식한 베개가 찬란하게 빛나고, 비단으로 수놓은 이불 화려하기 그지없네.(角枕粲兮, 錦衾爛兮.)"라고 노래했는데, 서주시대 사람들이 일반적으로 베개를 베고 잤다는 것을 보여준다. 각침(角枕)은 뿔로 장식된 나무 베개로 상당히 고급 제품이었음이 분명하다. 장례의 부장품에도 뿔 베개를 사용했는데, 『주례·옥부(玉府)』에는 "대상(大喪: 임금의 장례)에서는 함옥(含玉: 입에 넣는 옥), 복의(復衣裳: 초혼할 때 쓰는 아래 윗도리), 각침(角枕: 뿔로 장식한 베개), 각사(角柶: 뿔로 장식한 젓가락) 등을 제공했다.(大喪共含玉·復衣裳·角枕·角柶.)"라는 구절이 있다. 옥부라는 관직은 금이나 비취로 만든 왕의 노리개를 담당했다.

뿔은 잘 썩지 않는 물질이라, 선진 시대 때 무덤에서 흔히 볼 수 있었을 것이다. 그러나 선진 시대 때의 무덤에 관한 보고서에서는 뿔로 장식한 베개는 물론 다른 재료로 만든 베개도 거의 등장하지 않는다. 아마도 대부분의 베개는 대나무나 천으로 만들어져 썩어 없어졌을 것이다. 베개가 너무 무르면 머리를 완충시키는 기능이 없어지고, 너무 단단하면 머리와 목이 불편하다. 따라서 천으로 만든 베개가 대중화한 이후 가장 보편적으로 사용된 방법은 가볍고 부드러운 부스러기나 조개껍질 등을 천 주머니에 채워 베개를 만드는 것이었다. 기원전 122년 남월(南越) 왕 무덤에서 발견된 베개를 보면, 비단 주머니에 진주를 넣어 만들었는데, 비단은 다 썩고 진주만 베개 밑에 남아 있었다.

049 쌀을 저

zhù

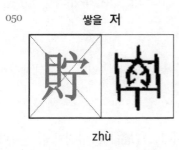

050 쌀을 저

zhù

사람들에게 옷을 입는 습관이 생기자 옷을 보관하는 상자도 당연히 필요해졌다. 어렵과 채집을 주로 하던 상고시대의 평등 사회에서는 제품이 공유되었기에 귀중품을 숨겨 놓을 필요가 없었다.

하지만 입는 옷은 겨울과 여름용이 구분되었기에 일시적으로 사용하지 않는 옷이 먼지, 비, 이슬 등에 젖거나 더러워지는 것을 방지하기 위해 따로 수납장 등의 도구를 만들어 보관할 필요가 있었다. 농사를 짓고 한곳에 정착하며 계급이 있는 사회에 이르자 귀중품에 대한 몇 가지 예방과 보호 조치가 필요했다. 그리하여 상자나 궤짝 같은 제품을 만들기 시작했다.

갑골문에서 저(宁)자❶는 어떤 기물의 모습인데, 다행히도 저(貯)자 ❷가 남아 있어 이 글자가 교환의 매개체로 사용되던 바다 조개(🐚)가 저(宁)자 모양의 기물에 저장되어 있는 모습임을 알 수 있다. 즉, 저(宁)자는 어떤 물건을 넣어 놓는 궤짝인 것이다.

❶

❷

자형으로 볼 때, 이 궤짝은 세워져 있다고 생각되지만 지하에서 발굴된 실물 궤짝에 의하면 이는 수평으로 배치되어 **Ⅱ**로 보아야 한다.

『설문해자』에서는 저(宁)에 대해 이렇게 풀이했다.

> "저(宁)는 물건을 구분해 쌓아 두는 것을 말한다. 상형이다. 저(宁)자로 구성된 글자들은 모두 저(宁)가 의미부이다."(**🙾**, 辨積物也. 象形. 凡宁之屬皆从宁.)

허신은 이것이 평평하게 눕혀진 것인지 세워진 것인지에 대해서는 설명하지 않았다.

오늘날의 호남성과 호북성의 전국시대 초(楚)나라 유적지에서는 다음 쪽 그림과 같은 상자가 자주 발견되고 있다. 몸통은 직사각형의 찬합 모양이고, 뚜껑은 둥근 아치형으로 되었으며, 뚜껑과 몸통이 서로 꽉 끼이듯 결합되어 있다. 기물의 몸통과 뚜껑의 네 모서리에는 짧은 손잡이가 뻗어 있고 손잡이 중간에도 얕은 홈이 새겨져 있어 뚜껑과 몸통을 꽉 끼이게 닫은 후 끈으로 묶기 편리하도록 했다. 이로부터 저(宁)자가 이러한 유형의 상자를 위에서 내려다 본 모습이며, 아래위로 난 3개의 짧은 획은 뻗어 나온 손잡이라는 것을 알 수 있다. 이 상자들에는 바늘로 수를 놓듯 '자금지의(紫錦之衣: 자줏빛 비단으로 만든 옷)'라는 4글자를 새겨 놓아 이것이 옷을 보관하는 상자임을 분명하게 했다. 물론 고가의 조개껍질이라면 더더욱 이런 단단한 상자에 저장해야 했을 것이다.

┃붉은 칠을 한 28수(宿) 옷칠 나무 옷상자.
길이 71센티미터, 너비 47센티미터, 높이 40.5센티미터. 호북성 수현(隨縣) 출토
전국시대 초기, 기원전 5세기~4세기.

051 　찾을 심

xún

갑골문에서 심(尋)자는 특정 물체의 길이를 측정하기 위해 두 팔을 뻗은 모습인데, 측정하고자 한 대상 중 하나가 돗자리였다.

『유래를 품은 한자』 제3권의 '일상생활편 제1부 '선조들의 곡식'에서 경(卿)자를 소개하면서, 이는 고대 경대부가 무릎을 꿇고 앉아 식사를 하는 모습이라고 한 바 있다.

식사를 하는 대청은 이미 깨끗하게 청소되어, 몸이나 옷이 더러워질 염려가 없어 바닥에 무릎을 꿇고 앉았을 것이다. 하지만 더욱 안전하려면 옷이 더러워지지 않도록 깨끗한 곳에 무릎을 꿇고 앉는 것이 좋을 것이다. 고대 사람들은 밤에는 돗자리 위에서 잠을 자고(갑골문의 숙(宿)자에 반영되었다.), 낮에는 돗자리에 무릎을 꿇고 앉았다. 6천여 년 이전의 하모도(河姆渡) 유적지의 한 고상건물의 나무판에 갈대로 만든 돗자리의 흔적이 발견되었는데, 바닥에 무릎을 꿇고 앉으려면 돗자리가 필요했던 것이다.

갑골문에서 🖌️자는 한 사람이 돗자리에 무릎을 꿇고 앉아있는 모습인데, 이후 형성 구조로 바뀌었다. 이렇게 돗자리가 모든 가정에서 없어서는 안 될 필수품이 되자, 자연히 일정한 사양의 상품이 되었다.

갑골문에서 심(尋)자❶는 자형이 다양하지만, 이의 공통점은 물체의 길이를 측정하기 위해 두 손을 뻗은 모습이라는 점이다. 『대대예가주언(主言)』에 "손가락을 펼치면 한 치의 길이를 알 수 있고, 손을 펼치면 한 뼘의 길이를 알 수 있고, 팔꿈치를 펴면 한 길의 길이를 알 수 있다.(布指知寸, 布手知尺, 舒肘知尋.)"라는 말이 있다. 한 치[寸]의 길이는 대략 엄지손가락 너비나 한 마디의 길이이고, 손을 펼치면 한 뼘의 길이를 알 수 있다고 한 것이다.

고대의 한 치는 오늘날 2센티미터를 약간 넘는 정도였는데 엄지손가락의 너비와 비슷했다. 서양의 인치의 경우도 그리스인들이 엄지손가락 하나의 너비를 지칭했던 데서 유래했다. 나중에 로마인들은 이 단위를 더 크게 한 걸음의 12분의 1로 하였다. 세운 엄지손가락으로 물체의 길이를 측정하는 것이 가장 편리했기 때문에 사람들은 엄지손가락을 길이 단위로 사용하였던 것이다. 소전의 촌(寸)자는 손가락 옆에 가로로 된 짧은 획이 그려진 모습(㝷)이다.

한 뼘의 길이는 손가락을 펴서 알 수 있는데, 3인칭 대명사로 사용되던 궐(厥, 㢆)자는 원래 한 뼘의 길이를 말한 데서 출발하였다. 다만 소전의 자형에서는 약간 변화가 일어났다(㢆). 이런 상황 속에서 엄지손가락의 끝과 가운데 손가락의 끝 사이의 간격이 한 뼘이었다. 두 손의 팔꿈치를 펴면 한 길[尋]의 길이가 된다. 이는 갑골문에서 심(尋)자가 두 팔을 벌려 돗자리를 포함한(㿻) 어떤 특정 물체의 길이를 측정하는 모습임을 보여준다. 이를 통해, 상나라 때 파는 돗자리가 이미 표준화되었음을 알 수 있다.

❶

『설문해자』에서는 심(尋)에 대해 이렇게 풀이했다.

"심(尋)은 결대로 풀어내다는 뜻이다. 공(工)과 구(口)로 구성되었고,
또 우(又)로 구성되었으며, 또 촌(寸)으로 구성되었다. 공(工)과 구
(口)는 어지럽다는 뜻이다. 우(又)와 촌(寸)은 결대로 나누다는 뜻이
다. 삼(彡)이 소리부이다. 이는 녕(㘂)과 같은 뜻이다. 사람의 양 팔 길
이가 1심이 되는데 8자이다."(㘂, 繹理也. 从工·口·从又·从寸. 工·口, 亂
也. 又·寸, 分理之也. 彡聲. 此與㘂 同意. 度人之兩臂為尋, 八尺也.)

허신은 양팔 사이의 길이가 1심(尋)이라는 것은 알고 있었지만, 이
글자의 자형이 심각하게 변화되어 돗자리의 모습은 찾아 볼 수 없었던
것이다.

1심(尋)은 8자[尺]에 해당하며, 두 손을 뻗는 것이 큰 물체의 길이를
재는 가장 쉬운 방법이었을 것이다. 따라서 심(尋)도 길이의 단위가 되
었고, 이로부터 '예사롭다[尋常]'는 뜻으로 확장되었다. 또한 두 팔을 펴
서 물체의 길이를 측정하였기에, '찾다[尋求]'는 의미로도 확장되었다. 고
대의 8자는 현재의 2미터보다 약간 짧은데, 일반 사람의 평균 신장보다
약간 길다. 그래서 그 위에서 사람이 충분히 잘 수 있는 길이가 된다.
더 까다로운 사람들은 일반 돗자리 위에 대를 가늘게 잘라 만든 삿자리
[細簟]를 하나 더 깔았는데, 이런 경우 중석(重蓆)이라 불렀다. 돗자리는
가벼워 주인과 손님용의 구분 혹은 사용 목적의 차이에 따라 고정된 위
치 없이 자유롭게 이동하고 배치할 수 있었다. 일반적으로는 침실에 배
치해 두었을 것이며, 손님이 오면 이를 꺼내어 각각의 신분에 따라 달
리 사용했을 것이다.

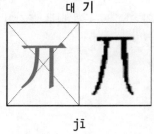

052 대 기

jī

돗자리는 무릎을 꿇고 앉기 위한 도구일 뿐만 아니라 돗자리 위에서 음식을 먹거나 글을 쓸 수 있는 도구이기도 했다. 그래서 대청에 다른 도구가 필요하지 않았다.

그러나 돗자리 위에 엎드려 글씨를 쓰는 것은 불편하고, 무릎을 꿇고 있는 자세도 오랫동안 견디기 힘들기 때문에, 이후에 조그만 안석 같은 도구가 출현하게 되었다. 이는 기댈 수도 있고, 거기에서 붓글을 쓸 수도 있었다. 이러한 용도로 만들어진 안석과 관련된 글자로 기(丌)와 궤(几)가 있다.

금문에서 기(丌)자❶는 이미 조사로 사용되었으나, 원래 의미가 있었을 것이다.

『설문해자』에서는 기(丌)에 대해 이렇게 풀이했다.

"기(丌)는 작은 다리가 있는 탁자이다. 물건을 올려놓는 탁자를 말한다. 상형이다. 기(丌)에 속하는 글자들은 모두 기(丌)가 의미부이다. 독음은 기(箕)와 같다."(丌, 下基也. 薦物之丌. 象形. 凡丌之屬皆从丌. 如若箕同.)

허신은 매우 정확하게 기(丌)를 짧은 다리가 있는 낮은 탁자라고 해석하였다.

❶

丌 丌 丌 丌 丌

절강성 안길(安吉)의 상나라 유적지에는 높이가 10센티미터 정도 되는 청동 탁자 다리가 발견되었는데, 자리의 안쪽 빈곳에 나무 조각이 남아 있는 것으로 보아 키 낮은 안석의 잔편으로 추정된다.

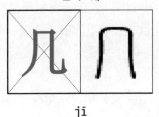

053 안석 궤

ji

고대 중국에서 무릎을 꿇는 것은 교양 있는 귀족들이 하던 자세였고, 쪼그리고 앉는 자세는 저속하고 교양이 없는 무례한 자세로 간주되었다. 방안에는 돗자리가 있어 무릎을 꿇고 앉을 수 있었지만 야외에는 그럴 수 있는 돗자리가 없었음에도 쪼그리고 앉을 수 없었다.

『논어·헌문(憲問)』편에서는 공자가 원양(原壤)이 쪼그리고 앉는 자세로 그를 기다리는 것을 보았을 때 매우 불쾌해 했다고 기록하고 있다. 강소성 육합(六合)의 춘추시대 후기 무덤에서 발견된 깨진 청동 조각에는 낮은 등 없는 의자에 한 사람이 앉아있는 모습이 조각되어 있다(예: 157쪽 그림). 또 하남성 장치(長治)에서 출토된 전국시대 때의 청동으로 만든 이(匜)에서도 전사들이 서로 싸우거나 키 낮은 등 없는 의자에 앉아 술을 마시는 모습이 새겨져 있다. 키 낮은 등 없는 의자에 앉던 것은 아마도 일부 소수 지역의 관습이었을 것이다. 중원 지역의 귀족들은 여전히 무릎을 꿇고 앉는 자세를 유지하고 있었다. 그래서 중국에서는 이집트에서 3천3백여 년 전에 이미 의자를 사용한 것과는 달리, 초기부터 발달하지 않았던 것으로 보인다.

호상(胡床: 걸상처럼 된 간단한 접이식 의자로, 서북지역에서 들어온 침상이라는 뜻을 가짐)이라는 단어는 동한 왕조 후기와 삼국 시대에 자주 등장하는데, 호상에 앉아 전투를 지휘하는 무장을 묘사하고 있다. 아마도 호상은 일종의 가볍고 편리하게 접을 수 있고 다리를 늘어트리고 앉을 수 있는 외국인들이 쓰던 의자였던 것으로 추정된다. 중원 지역에서 이러한 호상은 임시로 사용하는 의자로 사용되어 주로 교외로 외출 갈

때나 사냥이나 전쟁과 같은 야외 장소에서만 사용되었다. 가끔 실외에서도 사용되긴 했지만 상설된 가구는 아니었다. 호상이라는 명칭에서도 알 수 있듯이 이는 서북 이민족에게서 들여온 물건이다. 호상은 의자의 앉는 자리를 끈으로 짜서 만들었기 때문에 승상(繩床: 로프 스툴)이라고도 불린다. 호상은 원래 등받이가 없었으나, 중국 민족의 침상이 대청에 상설로 설치된 이후 병풍처럼 뒤를 받치는 형식이 만들어지게 되었다. 이러한 영향으로 호상은 점차 접을 수 없는 의자와 접을 수 있는 교의(交椅)의 두 가지 스타일로 발전하였다.

탁자와 의자가 일상용 가구가 된 이후에, 침대는 너무 무거워서 점차 침실로 들어가 잠을 자는 전용 가구로 변했다. 『설문해자』에서는 궤(几)에 대해 이렇게 풀이했다.

> "궤(几)는 거(凥)와 같아 앉는 의자를 말한다. 상형이다. 『주례』에는 5가지 안석이 있다고 했는데, 옥으로 만든 안석, 조각을 한 안석, 붉은 칠을 한 안석, 검붉게 옻칠을 한 안석, 아무런 장식을 하지 않은 안석 등이 그것이다. 궤(几)로 구성된 글자들은 모두 궤(几)가 의미부이다."(几, 凥, 几也. 象形. 周禮: 五几, 玉几彫几彤几鬃几素几. 凡几之屬皆从几)

허신은 궤(几)를 두고 안석을 그린 상형자라고 풀이했다. 이것은 호상에서 키 낮은 등받이 없는 의자로 진화한 모습으로 보인다. 금문에 궤(几)자가 보이진 않지만 부(阜)가 의미부이고 궤(几)가 소리부로 된 𨸏자가 보인다. 아마도 궤(几)자의 이체자로 산간의 야외에서 앉을 때 쓰던 기구를 말한 것으로 보이며, 그래서 산을 나타내는 부(阜)가 더해졌을 것이다.

▌강소성 육합(六合)에서 출토된 춘추시대 후기의 청동 조각에 그려진 무늬.
주인이 등 없는 의자에 앉아 있다. 고대 강소성 지역은 동이(東夷)족의 생활
구역에 속했던 것을 고려하면 동이족의 습관을 반영한 것으로 보인다.

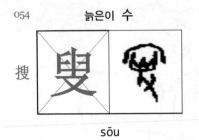

054 　늙은이 수

搜　叟

sōu

사람들이 실내에서 하는 생활이 점차 늘어나게 되자 가구 외에도 조명이 또 다른 필수 설비로 등장했다.

철로 만든 도구를 사용함으로써 산업도 더욱 발전해 갔다. 사람들은 낮에 일할 뿐만 아니라 밤에도 생산 활동과 식사 등에 많은 시간을 보내게 되었는데, 그 과정에서 조명기구는 용구에서 필수품이 되었다.

　밤에 조명을 빌릴 수 있는 가장 원시적인 방법인 달빛은 매 달에 보름(15일) 정도만 비교적 밝다. 일단 불을 통제할 수 있게 되면서 인간은 자연스레 달빛이 없는 밤에도 불을 사용하여 조명으로 사용하게 되었다. 문명의 정도가 향상되면서 밤에 이루어지는 사람들의 활동도 상대적으로 증가하였고, 이에 따라 불을 활용한 조명도 더욱 중요해졌다.

　갑골문에서 수(叟)자❶는 한 사람이 집에서 햇불을 들고 있는 모습을 그렸다. 이는 나중에 수(手)를 더한 수(搜)가 되었는데, 손으로 햇불을 잡고 집안에서 무언가를 찾는 모습이다.

❶

『설문해자』에서는 수(叟)에 대해 이렇게 설명했다.

"수(叟)는 노인을 말한다. 우(又)와 재(灾)로 구성되었다. 수(**⿱臼火**)는 수
(叟)의 주문체인데, 촌(寸)으로 구성되었다. 수(**傁**)는 수(叟)의 혹체인데,
인(人)으로 구성되었다."(**⿱臼火**, 老也. 从又·灾. **⿱臼火**, 籒文从寸. **傁**, 叟或从
人.)

소전에 이르러 햇불의 손잡이가 화(火)자로 줄어버렸기 때문에 허신
은 이를 잘못 해석해 우(又)와 재(灾)로 구성되었다고 풀이했던 것이다.
그러나 이 글자에서 우(又)와 재(灾)가 어떻게 해서 '노인'이라는 뜻을 나
타내게 되었는지를 설명하지 못했다.

갑골문의 자형을 보면 수(叟)자의 원래 의미가 '찾다'는 것임을 추정
할 수 있다. 그러나 독음이 비슷하여 수(叟)로 가차되었고, 그러자 다시
수(手)를 더한 수(搜)로 분화되었다. 고대의 가옥은 높이가 낮았는데, 상
나라와 그 이전의 집들은 띠 풀로 지붕을 만들었다. 그런 집안에서 햇
불을 사용하여 어둠을 밝힌다면 화재의 위험이 있었을 것이다. 그래서
고정적인 조명이 아니라 잠시 무언가를 찾아야 할 때 임시로 사용한 것
이다.

055

빛 광

guāng

갑골문에서 광(光)자❶는 무릎을 꿇고 앉은 사람의 머리 위에 불꽃이 그려진 모습인데, 이로써 '빛'이라는 의미를 나타냈다. 그러나 불꽃을 머리에 일 수는 없는 법, 이는 기름으로 가득 찬 등잔이어야 할 것이다.

그래서 이 글자는 머리 모양의 위쪽에 만들어진 등잔으로 조명을 했다는 사실을 보여준다. 금문❷의 경우도 구조는 거의 변하지 않았다. 다만 가끔 등잔을 머리에 인 사람을 여(女)자로 썼다.

『설문해자』에서는 광(光)에 대해 이렇게 풀이했다.

"광(光)은 밝다는 뜻이다. 불[火]이 사람[儿]의 위에 놓인 모습이다. 광(炎)은 광(光)의 고문체이다. 광(炗)도 광(光)의 고문체이다."(炗, 明也. 从火在儿上. 光明意也. 炎, 古文. 炗, 古文)

허신이 불[火]이 사람[儿]의 위에 놓인 모습이라고 설명한 것은 정확한 분석이다. 그러나 추가로 수록한 두 개의 고문체 자형(炎, 炗)은 이미 자형이 많이 변한 모습이다.

광(光)자는 상나라에서 실내를 비추기 위해 불을 사용했다는 사실을 나타내 주고 있다. 그리고 불빛은 연료로 채워진 등잔받침대에서 나왔을 것이다. 그러나 고고학 발굴 자료에 근거하면, 전용 등잔은 전국시대 초기부터 시작된다. 이를 어떻게 설명해야 할까? 아마도 등잔의 모양에서 실마리를 찾아야 할 것이다.

등잔받침대의 모양은 음식을 담는데 쓰던 두(豆: 높은 굽이 있는 기물)와 비슷하게 생겼는데, 높은 굽과 얇은 접시 모양의 기물이다. 도기로 만든 두(豆)를 등(登)이라 지칭하기도 했었는데, 조명 장치도 등(鐙) 혹은 등(燈)이라 불렀다. 등(鐙)은 등잔이 금속으로 만들어졌음을 나타내고, 등(燈)은 불을 비추는 기구라는 뜻을 담았다. 상나라 때의 등잔은 임시로 빌려 사용한 도기로 만든 등이었을 것이며, 이후 등(鐙)이나 등(燈)으로 불렀을 것이다. 상나라에서는 대부분의 사람들이 하루에 두 끼만 먹었다. 대략 오전 7시에서 9시경에 풍성한 식사를 했는데 이를 대식(大食)이라 불렀다. 그리고 오후 3시부터 5시 정도에 간단한 식사를 했는데 이를 소식(小食)이라 불렀다. 저녁을 적게 먹었던 것은 식사 후 곧 해가 지고 어두워져 들판에 나가 일을 할 수 없어서 잠자리에 들었고, 다음 날 아침 일찍 밭에 나가 일을 해야 했었기 때문이다.

밤에는 규칙적인 실내 활동이 없었기 때문에 따로 등잔이 필요하지 않았다. 만약 사고가 발생하여 특별히 조명이 필요한 경우라면 일시적으로 음식을 담던 도기를 가져와 등잔으로 사용했을 것이다. 조명용으로 사용하고 나면 다시 원래의 음식을 담던 기능으로 되돌아갔다. 그래서 잠시 등잔으로 빌려 사용됐던 이러한 도기 기물이 등잔이었음을 관찰해 내기란 어려운 일이다.

춘추시대 말기 이후에는 철기가 대규모로 사용됨으로써 생산 효율이 크게 향상되었고 사회 전체의 모습도 크게 변화하여 많은 사람들이 야간에도 비생산적인 활동을 할 수 있었음은 물론 생산 활동에조차 종사할 수 있게 되었다. 이렇게 되자 전용 조명 장비를 사용해야만 했다. 빛을 멀리 비추기 위해서는 광원이 높아야했고, 또 손을 높이 쳐들어 불을 밝히는 것은 오래 버틸 수가 없었기에, 머리를 사용해 받치도록 하는 것이 가장 좋았다. 이렇게 해서 사람의 몸이 등잔대처럼 되어 안정을 유지하면서도 멀리까지 빛을 발할 수 있게 되었다.

　　무릎을 꿇고 앉는 습관이 있는 중국인들에게 머리 위에 등을 올려놓아 받치게 한 것은 상당히 실용적인 방법이었다. 한나라 때의 도기로 만든 등잔대를 보면, 한 노비가 머리에 등잔대를 쓰고 앉은 모습이다. 한국 고구려 시대 무덤에도 하녀가 머리에 등을 이고 길을 안내하는 벽화가 그려져 있다. 이러한 것들은 하인이 머리에 등잔을 이고 불을 밝히던 고대의 관습을 반영하고 있다. 아마도 상나라에서도 이미 이러한 자세로 머리에 등불을 이고 불을 밝혔을 것이라 생각된다(다음 쪽 그림).

▌진한(秦漢) 시대 때의 도기로 만든 두(豆) 모양의 전형적인 등잔과 받침대.

▌한국 고구려 무덤의 벽에 그려진 그림.
머리에 등잔을 이고 길을 안내하고 있다.

056

그윽할 유

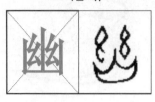

yōu

갑골문에서 유(幽)자❶는 화(火)와 두 가닥의 작은 실을 그렸는데, 등잔의 심지가 타면서 희미한 빛을 낸다는 의미를 그렸다.

갑골문에서 유(幽)자는 이미 글자의 구성성분인 화(火)가 간략화 되어 🔥로 변해가고 있다. 금문❷에서 불[火]의 모습은 더욱 변해 불꽃 모양을 상실했다.

『설문해자』에서는 유(幽)에 대해 이렇게 풀이했다.

"유(幽)는 숨다는 뜻이다. 산(山)과 요(絲)로 구성되었는데, 요(絲)는 소리부도 겸한다."(幽, 隱也. 从山絲, 絲亦聲.)

허신은 글자의 아랫부분을 산(山)자로 오해하여 유(幽)자를 형성구조로 풀이하였다.

등잔대의 심지는 대부분 여러 가닥의 실을 꼬아 하나의 끈으로 만들어져 있다. 그래서 등잔의 중간에 기둥을 하나 만들어 놓고 여기에다 실을 묶어 기름을 통과시킬 수 있는 심지를 만든다.

❶   ❷

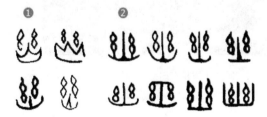

갑골문에서는 두 가닥의 실로 표현되었는데, 아마도 균형을 유지하기 위해 그랬을 것이다. 등불의 불빛으로 어둡다는 의미를 나타냈는데, 그 이유는 당시의 연료가 대부분 식물성 기름이었기 때문에 빛이 약하고 검은 연기까지 났기 때문으로 추측된다.

전국시대에 이르면 이러한 등잔에 기름 덩어리가 섞인 진흙 상태의 잔흔이 발견되는데, 이를 통해 당시에는 동물성 기름을 사용하여 불빛의 강도를 개선했던 것으로 추정된다. 『초사초혼(招魂)』에서는 영혼을 집으로 다시 돌아오게 할 목적으로 쓴 '편안한 집'을 묘사하면서 "난초향 나는 기름이 촛불을 밝히고(蘭膏明燭)"라는 표현이 나오는데, 당시에 사용된 등잔 기름이나 촛불에 향료를 섞어 썼음을 볼 수 있다.

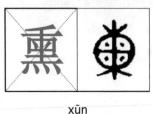

057 　연기 낄 훈

xūn

사람들은 모두 편안한 삶을 추구하기를 원한다. 경제만 허락된다면, 집은 여가 공간과 함께 더 넓고 편안하게 지으려고 할 것이다. 한자에 근거해 볼 때 적어도 서주시대부터 사람들은 집안의 공기를 더욱 향기롭게 만들려고 향초를 사용했음을 알 수 있다.

　금문에서 훈(熏)자❶는 양 끝을 동여맨 포대 같은 모습을 하였는데, 포대 속에는 많은 것들이 들어 있는 모습(🜏)이다. 이후 자형이 변하여 포대 아래에 불(火)이 더해진 것 같은 모습(熏)을 하게 되었다.

　『설문해자』에서는 훈(熏)에 대해 이렇게 풀이했다.

　　"훈(熏)은 불의 연기가 위로 올라간다는 뜻이다. 철(屮)로 구성되었고, 또 흑(黑)으로 구성되었다. 훈제하는 모습이다."(熏, 火煙上出也. 从屮·从黑. 屮·黑, 熏象.)

　허신은 자형을 분석하면서 불이 위로 올라가 무언가를 태우는 모습을 그렸다고 생각했다.

❶

금문의 자형과 사용 의미를 종합해 볼 때, 이 포대는 향료 포대로, 말린 향기로운 꽃잎 등으로 가득 채워진 향낭이지 불을 사용하여 무언가를 훈제해서 굽는 모습이 아니다. 향낭은 옷에 향기를 물들일 수 있으며, 차고 돌아다니면서 가는 곳마다 향기를 내뿜을 수 있다. 이는 주거생활을 더욱 편하고 아름답게 바꾸려는 사람들의 노력을 반영한다.

그런데 향낭의 효과와 범위에는 한계가 있다. 그래서 나중에는 향초를 불태우는 방식으로 개선되었다. 고대문헌에서는 향초를 불태우는 것에 대해 자주 언급했는데, 그에 사용된 풀은 혜초(蕙草)나 난혜(蘭蕙)라는 풀이다. 혜초(蕙草)는 자체가 향기를 발산할 수 있었기에, 불에 태우는 방식으로 향기를 발산시켰다. 그래서 "훈초는 스스로 향기를 갖고 있어서 자신을 태우고, 기름은 빛을 발할 수 있기에 스스로를 녹인다. (薰以香自燒, 膏以明自銷.)"라는 말이 있다.

향초를 태우려면 바닥을 더럽히지 않도록 타고 난 재를 모으는 용기가 필요했을 것이다. 『설문해자』에서는 람(籃)에 대해 이렇게 풀이했다.

"람(籃)은 큰 대나무 통을 말한다. 죽(竹)이 의미부이고 감(監)이 소리부이다. 람(𥰬)은 람(籃)의 고문체이다."(𥫱, 大篝也. 从竹, 監聲. 𥰬, 古文籃如此)

구(篝)는 향초를 넣어 두던 통을 말한다. 『설문해자』에 수록된 람(𥰬)은 집안에서 좁고 긴 향로 위에 향초가 놓인 모습을 보여준다. 이는 향초를 태우는 장면이다. 고고학 발굴에서 얻은 긴 모양의 향초는 람(籃)자가 어떻게 만들어졌는지를 상상하게 해 준다(169쪽 그림).

향초는 호남성, 광동성, 광서성 등에서 생산된다. 진한(秦漢) 시대에는 향초로 향을 피우던 관행이 매우 흔했다. 서한 왕조 중기에 이르면 점차 복건성과 광동성 지역에서 나던 향초가 널리 알려져, 서아시아와 무역 교류도 이루어지게 되었고, 보르네올(borneol)향과 소합향유(蘇合香油) 등에 대해서도 잘 알게 되었다. 그러나 수지에서 얻어지는 이러한 향료들은 너무나 진귀해 향초처럼 불에 직접 태울 수는 없었다. 이들은 재료를 먼저 으깨어 혼합하여 분말이나 덩어리 형태의 향으로 만든 다음 향로에 넣어 태우면서 향기를 발산시켰다. 이렇게 태우는 새로운 방법에 대응하여 향을 태우는 기구에도 변화가 일어나 박산로(博山爐)라는 것이 제작되었다.

이러한 향로는 숯불을 넣을 수 있도록 배가 깊고 불룩하게 만들어졌으며 뚜껑에는 산소가 너무 많이 공급되지 않고 천천히 타도록 하기 위해 여러 개의 연기 구멍이 만들어졌다. 양(梁)나라 때의 오균(吳均)이 쓴 「행로난(行路難)」이라는 시에 이런 표현이 있다. "박산로 속의 일백 가지 여러 향들, 울금향과 소합향 및 두량향이 들었네.(博山爐中百合香, 鬱金蘇合及都梁)", "옥으로 만든 계단과 사람 다니는 길에는 가는 풀이 자라나고, 황금 향로의 향기 나던 숯들은 재로 변하고 말았네.(玉階行路生細草, 金爐香炭變成灰)" 이는 박산로라는 향로에서 향기를 발산하던 숯이 재로 변해 가는 정황을 잘 묘사했다(다음 쪽 그림).

▌청동 향그릇[香薰].
높이 12.7센티미터, 아
가리 너비 8.5센티미터.
전국시대 중기, 기원전 4
세기경.

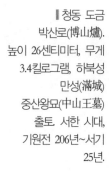

▌청동 도금
박산로(博山爐).
높이 26센티미터, 무게
3.4킬로그램, 하북성
만성(滿城)
중산왕묘(中山王墓)
출토. 서한 시대,
기원전 206년~서기
25년.

제6부

교통수단

동물은 음식물을 구하기 위해 밖으로 나가야한다. 인구가 증가함에 따라 사람들이 음식물을 찾아다니는 범위도 계속 확대되었고 활동 거리도 점점 더 멀리까지 확장되었으며 다른 지역 사회와의 접촉 기회도 늘어났다. 다른 사람들과의 접촉은 경험의 교류를 촉진시켰고 문명의 발전을 가속화시킬 수 있었다. 그리하여 사람들은 교류의 편의를 위해 교통수단을 개발해야만 했다.

예를 들어 고도로 문명화 된 국가에서는 빠르고 효과적인 교통 운수 노선이 동반하기 마련이다. 빠른 교통이 없으면 정책과 정보를 적시에 전달할 수 없으며 중앙 통제 체제를 갖춘 대제국을 구축할 수도 없다. 특히 상업 활동에 있어서 저렴하고 편리한 교통수단이 없어 통신 속도를 가속화하고 유동량을 넓히고 지역을 넓혀 무역을 효율적으로 수행하지 못한다면 산업도 확장하기 어렵고 도시 건설도 어려울 것임은 당연하다.

058 **걸음 보**

bù

059 **발 지**

zhǐ

교통수단이 발명되기 전에는 직접 걸어서 목적지로 가야만 했다. 그런데 여러 교통수단이 계속해서 발명됨에 따라 직접 발로 걸어야 할 필요성은 점차 줄어들게 되었지만, 여행하는 거리는 자연히 더 늘어나게 되었다.

갑골문에서 보(步)자❶는 두 가지 범주로 나눌 수 있다. 하나는 걸을 때 앞뒤로 발이 하나씩 표현된 것(步)으로, 왼발이 앞쪽에 놓일 수도, 또 오른발이 앞쪽에 놓일 수도 있다. 다른 하나는 길에서 걸어가는 모습을 그린 것(彳步)으로, 사람이 건설한 규격화된 도로를 걸어가는 모습을 표현했는데, 이는 제멋대로 걸어가는 것이 아니라 어떤 특정한 목적지가 있어 그것을 향해 가는 것임을 말해준다.

❶

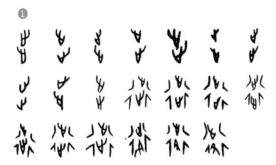

사람의 왼발과 오른발은 같은 모양이지만 서로 마주 보게 배열되어 있다. 갑골문에서 지(止)자❷는 발을 그린 모습인데, 왼발을 그리거나 오른발을 그리든 모두 가능하다. 청동기 명문에서 족휘 무늬로 사용되었던 지(止)자를 보면 발가락이 5개로 그려졌지만, 빨리 쓰기 위해 발가락은 대부분 3개로 단순화하였고 엄지발가락을 튀어 나오게 그렸다. 그리하여 엄지발가락이 왼쪽 발은 오른쪽으로, 오른쪽 발은 왼쪽을 향하게 그렸다. 금문에 들면서 모두 왼쪽 발로 그렸고 획도 더욱 간결해져 엄지발가락을 그린 획을 ⼬처럼 연결해서 썼다. 이 때문에 『설문해자』에서는 지(止)가 땅을 비집고 올라오는 풀의 형상이라고 잘못 이해하여, 이렇게 풀이했다.

> "지(止)는 바닥을 말한다. 풀이 바닥을 딛고 나오는 모습이다. 그래서 지(止)를 가지고 발[足]이라는 의미로 삼았다. 지(止)로 구성된 글자들은 모두 지(止)가 의미부이다."(⼬, 下基也. 象艸木出有阯, 故以止為足. 凡止之屬皆從止)

그리하여 발을 나타낼 때에는 족(足)자를 더한 지(趾)를 만들어 형성 구조로 변화했다.

❷

금문에서 보(步)자❸는 자형이 고정되어, 왼발이 앞쪽에, 오른발이 뒤쪽에 놓였다. 『설문해자』에서는 보(步)에 대해 이렇게 풀이했다.

"보(步)는 걸어 가다는 뜻이다. 지(止)와 달(㐱)이 서로 등지고 있는 모습이다. 보(步)로 구성된 글자들은 모두 보(步)가 의미부이다."(步, 行也. 从止㐱相背. 凡步之屬皆从步.)

허신이 앞 뒤 발이 디디며 걸어가는 모습을 그렸다고 한 것은 매우 정확한 해석이다. 그러나 발[止]과 발[㐱]이 서로 등진 것이 아니라 서로를 향하고 있다고 해야 할 것이다. 서로 등진다면 걸어갈 수가 없을 것이기 때문이다.

보(步)는 또 시설물을 지을 때의 길이 단위로도 사용되었다. 두 발을 한걸음씩 내 걷는 단위를 1보(步)라 했는데, 거리를 측정하는 편리한 방법이었다. 서양 사람들도 이런 식으로 거리를 측정하는 습관이 있었지만, 이는 그들이 걸을 때 두 발 사이의 거리를 말한다. 그런데 중국에서의 1보(步)는 그들의 절반에 해당된다.

❸

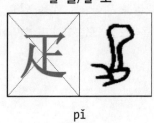

060 **필 필/발 소**

pǐ

갑골문에서 **필(疋)자❶**는 다리와 다리의 발 부위의 모양을 나타냈다. 갑골 복사를 보면 '질지(疾止)'와 '질필(疾疋)'에 대해서 다르게 점을 친 내용이 보인다. '질지(疾止)'가 두 발로 걷는 데서 문제가 생긴 질병에 초점을 맞추어졌다면, '질필(疾疋)'은 두 발 자체의 통증에 더 초점이 맞추어져 있다.

『설문해자』에서는 필(疋)에 대해 이렇게 풀이했다.

"필(疋)은 사람의 발을 말한다. 윗부분은 종아리를 아랫부분은 발을 그린 모습이다. 「제자직」에 '발을 어디에 놓아야 하는지'에 대해 물었다'는 말이 나온다. 고문에서는 필(疋)자를 『시경』의 「대아」를 지칭하는 아(雅)자로 사용했다. 또한 족(足)자로 사용했다. 또 다른 해석에 의하면, 필(疋)은 서리(胥吏: 행정 관리)라고 할 때의 서(胥)자라고 하기도 한다. 달리 필(疋)이 기록하다(記)는 의미라고 여기기도 한다. 필(疋)로 구성된 글자들은 모두 필(疋)이 의미부이다."(𤴓, 足也. 上象腓腸, 下从止.『弟子職』曰: 問疋何止. 古文以爲詩大雅字, 亦以爲 足字. 或曰胥字. 一曰疋記也. 凡疋之屬皆从疋)

❶

상술한 허신의 해석은 정확하다. 그런데 『설문해자』에서 이미 이 글자를 구성하고 있는 지(止)자가 사람의 다리를 말한다는 것을 알고 있었는데도 지(止)자를 두고 초목이 땅위로 올라오는 모습이라고 설명한 것은 서로 모순되는 부분이다.

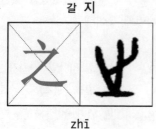

갈 지

zhī

갑골문에서 지(之)자❶는 한 사람이 발을 땅바닥에 디디고 선 모습을 그려, '이 지점'을 나타냈다.

또한 지시 대명사로 쓰여 두 당사자(상나라 왕과 신령)가 모두 알고 있는 장소나 사건을 말했다. 그래서 지(之)자는 이 글자 다음에 다른 글자를 추가하지 않고서도 어떤 일인지를 나타낼 수 있었다.

지(之)자와 비슷한 의미를 가지는 글자로 자(玆)자❷가 있는데, 갑골문에서는 두 가닥의 실의 모습으로 등장한다. 원래 의미가 무엇이었는지는 알 수 없지만 이미 지시 대명사로 사용되어 '자우(玆雨)'나 '자용(玆用)'처럼 뒤에 명사나 동사를 더해 사용하는 점이 지(之)와 다른 부분이다.

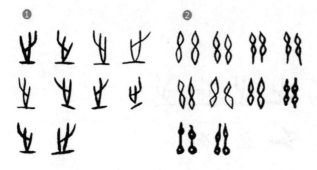

금문에서 지(之)자❸는 이미 자형이 많이 변해 발의 형상을 찾아보기 어렵다. 『설문해자』에서는 지(之)에 대해 이렇게 풀이했다.

> "지(之)는 나오다는 뜻이다. 풀이 떡잎의 단계를 지나면 가지가 생기고 점차 커지게 된다. 가로획(一)은 땅을 뜻한다. 지(之)로 구성된 글자들은 모두 지(之)가 의미부이다."(Ψ, 出也, 象屮過屮, 枝莖漸益大 有所之. 一者地也. 凡之之屬皆从之.)

비록 가로획이 지면을 뜻한다는 것을 알아보았지만 전체 글자를 두고 땅속에서 나온 싹이 성장하여 가지로 변하고 무성하게 된다는 뜻으로 해석했다. 아마도 지(之)자의 자형이 이미 가지가 난 식물의 모양으로 변했기 때문일 것이다. 그래서 허신은 지(止)자를 발이 아닌 막 자라난 어린 풀과 같다고 설명했던 것이다.

지(之)자는 대명사로 사용되는 것 외에도 여러 용법으로 광범위하게 사용되었다. 예컨대 '적자지심(赤子之心: 어린 아이의 마음)'과 같이 귀속의 관계를 표현하거나 '권의지계(權宜之計: 일시적인 방편)'와 같이 수식 관계를 나타내는 등 문법적인 요소로 사용되었다. 이외에도 이전 봉건 국가에서 봉지로 나아가는 것을 '지국(之國)'이라 하고, 임명 받은 곳의 관리로 나아가는 것을 '지관(之官)'이라 하는 등 '어떤 곳으로 나아가다'는 뜻으로 쓰이기도 했다. 이는 걸어서 목적지까지 가던 창제의미와 관련이 있을 것이다.

❸

062 **갈 행**

xíng

갑골문에서 보(步)자는 앞뒤로 놓인 두 발로 구성된 자형과 교차로의 모습이 더해진 자형이 있는데, 이는 교차로가 많이 걸어 다니는 곳이었기 때문이다.

갑골문에서 행(行)자❶는 교차로의 모습이다. 금문❷의 자형으로부터 이 글자는 원래 십자형(十)이어야 하지만, 나중에 필사의 속도를 높이기 위해 비슷하게 변했음을 알 수 있다. 행(行)자는 갑골문에서 '상행(上行)', '좌행(左行)', '우행(右行)', '동행(東行)', '서행(西行)', '대행(大行)'이라는 단어처럼 대부분 군대의 편제를 나타내는데 쓰였다. 군대의 행렬은 가지런하게 정렬되어야 하고 엄격하게 훈련된 모습을 보여주어야 할뿐만 아니라 진군할 때도 가능한 한 진형을 완전하게 유지해야만 한다. 그래서 군대의 편제는 보통 세로로는 상중하의 세 개의 열, 가로로는 좌중우의 세 개의 열, 혹은 동중서의 세 개의 열로 이루어졌을 것으로 추정된다. 특수한 상황이 있을 경우에는 위쪽, 가운데, 아래쪽, 왼쪽, 오른쪽 또는 위쪽, 가운데, 아래쪽, 동쪽, 서쪽 등 다섯 개의 행렬로 구성되었다. 다만 남행과 북행의 편제는 없다.

❶

❷

보행용 도로는 계획을 거쳐 건설된 도로이지 임의로 만들어진 구불구불한 길이 아니다. 원래 도로는 사람들이 사무를 위해 밖으로 나가기 쉽도록 한 길이었지만 높고 낮은 지형으로 인해 자연히 불규칙적으로 뻗어 나갔다. 그러나 이후, 특히 마차가 발명된 이후로, 빨리 달리는 마차가 원활하고 신속하게 달리고 또 안전하게 갈 수 있도록 하기 위해서는 도로의 관리, 특히 군대가 목적지까지 빠르게 도달해야하는 등의 목적을 달성하기 위해서는 도로가 직선으로 되어야만 마차와 긴급 정보가 잘 전달될 수 있었다. 그래서 『시경·대동(大東)』에서 이렇게 노래했다. "주나라의 도로는 칼 가는 숫돌처럼 단단하고, 날아가는 화살처럼 곧바르네.(周道如砥, 其直如矢.)" 행(行)자가 군사의 편제와 관련된 사무라면 이 길은 구불구불한 자연적인 도로가 아니라 직선의 인위적인 길이어야 했다. 그래서 『설문해자』에서는 행(行)에 대해 이렇게 풀이했다.

> "행(行)은 사람이 발걸음을 빠르게 하다는 뜻이다. 척(彳)과 촉(亍)으로 구성되었다. 행(行)으로 구성된 글자들은 모두 행(行)이 의미부이다."(𧗚, 人之步趨也. 从彳·亍. 凡行之屬皆从行.)

허신의 '사람이 발걸음을 빠르게 하다'는 해석은 잘못된 것으로 보인다. 행(行)자에 사람의 모습이 포함되어 있지 않기 때문에, 이는 인간이 걷기 위해 만든 직선 도로여야만 한다.

길을 창제의미로 사용한 글자들을 보면 교차로의 길 모양이 종종 절반으로 줄어들어 척(彳)이나 촉(亍) 등으로 표현되었다. 예를 들어 역(逆, 𧗸, 𧗵)이나 구(遘, 𧗺, 𧗻)가 있다. 이후 글자의 구조를 분석하고 나서야 척(彳)과 촉(亍)이라는 글자가 등장했다. 고문자에서 척(彳), 지(止), 착(辵) 등이 세 가지 구성 요소는 종종 서로를 대체할 수 있다.

『설문해자』에서는 착(辵)에 대해 이렇게 풀이했다.

"착(辵)은 쉬엄쉬엄 걷다는 뜻이다. 척(彳)과 지(止)로 구성되었다.
착(辵)으로 구성된 글자들은 모두 착(辵)이 의미부이다. 『춘추전』에
서 말한 '착계이주(辵階而走)'라고 할 때의 착(辵)과 같이 읽는다.[단
옥재는 착(辵)과 같이 읽는다가 필요 없는 부분이라고 했다.]"(辵, 乍
行乍止也. 从彳·止. 凡辵之屬皆从辵. 讀若(段注曰衍文)春秋傳曰 : 辵階
而走.)

허신이 '쉬엄쉬엄 걷다(가다가 쉬다가 가다)'라고 풀이한 것은 과도
한 추측이라 할 수 있다.

063 **길 도**

dào

도(道)자의 의미는 건설한 길이 넓고 크다는 뜻이다. 그래서 행(行)은 일반적인 도로를 의미했을 것이다. 그런데 이후에 '행도(行道)'라고 하여, '길'이라는 똑같은 의미를 중첩한 단어가 생겨났다.

금문에서 도(道)자❶는 행(行), 수(首), 우(又)의 세 부분으로 구성되었다. 이를 종합하면, 한 손에 수급(首級)을 들고 길을 걷는 모습을 표현했는데, 아마도 길을 안내하다는 의미였을 것이다. 이후 글자가 줄어 착(辵)과 수(首)로 구성되었다.

『설문해자』에서는 도(道)에 대해 이렇게 풀이했다.

> "도(道)는 걸어가는 길을 말한다. 착(辵)과 수(首)로 구성되었다. 한 곳으로만 통하는 길을 도(道)라고 한다. 도(䇂)는 도(道)의 고문체인데, 수(首)와 촌(寸)으로 구성되었다."(䚠, 所行道也. 从辵·首. 一達謂之道. 䇂, 古文道, 从首·寸.)

❶

道道道道道
道道道道道

허신은 다른 옆길 없이 한 목적지로만 통한다고 해석하였지만, 이는 원래의 뜻이 아닐 것이다. 원래의 뜻은 도(導: 이끌다)일 것이다.

『설문해자』에서는 도(導)에 대해 이렇게 풀이했다.

"도(導)는 이끌다는 뜻이다. 촌(寸)이 의미부이고 도(道)가 소리부이다."(䡒, 導, 引也. 从寸, 道聲.)

제2권 『전쟁과 형벌편』에서 현(縣)자에 대해 소개한 바 있다. 옛날에는 범죄자의 머리를 잘라서 성문에 매다는 풍습이 있었다. 도(導)자는 한 손에 범인의 머리를 잡고서, 사람들이 오가는 분주한 거리에서 효수하는 곳으로 행렬들을 이끄는 행위를 말한 것이다. 나중에 거리에서 대중들에게 전시하고, 더욱 많은 사람들이 볼 수 있도록 함으로써 법을 어기려고 하는 사람들에게 경고를 주는 행위였다. 그렇다면 도(道)자는 적은 사람들이 다니는 샛길이 아니라 많은 사람들이 걸어 다니던 길이 되어야 한다.

064

길 도

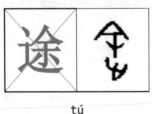

tú

갑골문에서 도(途)자❶는 여(余)자와 지(止)자가 결합한 구조이다. 여(余)자는 사신들이 자신의 정체성을 표현하기 위해 지니고 다니던 부절의 형상이다.

외국에서 온 사신은 자국에 대한 불리한 일이 일어나지 않게 하기 위해 관련 업무가 없는 자국 사람과 접촉하는 것을 엄격히 금지했다. 그래서 사신이 걷는 길은 자신의 신분을 숨길 수 있는 샛길이 아니라 큰 대로였다.『설문해자』에는 이 글자가 수록되어 있지 않다. 이후시기에 편집된『광운(廣韻)』에서는 "도(途)는 길[道]을 말한다.(途, 道也.)"라고 했다. 고문자에서 지(止)와 척(彳)이 서로 통용될 수 있었던 점을 고려하면 갑골문에서의 도(途)자는 서(徐)자였을 것이다.

『설문해자』에서는 서(徐)에 대해 이렇게 풀이했다.

"서(徐)는 안전하게 가다는 뜻이다. 척(彳)이 의미부이고 여(余)가 소리부이다."(徐, 安行也. 从彳, 余聲.)

외국에서 온 사신이 당황하지 않고 길을 걸었을 것이기에 안전하게 가다는 의미의 서(徐)자를 만들었을 것이다.

❶

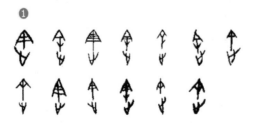

065 달릴 주

zǒu

두 발로 걸을 때 필요에 따라 걷는 속도를 조절할 수 있다. 보통 서두르지 않아도 될 때는 자연스러운 속도로 걷는다. 그러나 급한 일이 있을 때는 목적지에 빨리 도달하기 위해서 속도를 더 높여야 한다.

갑골문에서 주(走)자❶는 한 사람이 길을 걸으면서 빠르게 걸을 수 있도록 손을 앞뒤로 흔드는 모습을 그렸다. 금문❷에 이르러, 갑골문의 형태에다 척(彳)이나 지(止)나 착(辵) 등이 추가되었으며, 심지어는 주(走)자가 중복되어 나타나기도 했다. 소전에 이르러 비로소 하나의 자형으로 고정되었다.

『설문해자』에서는 주(走)에 대해 이렇게 풀이했다.

"주(走)는 추(趨)와 같아 달리다는 뜻이다. 요(夭)와 지(止)로 구성되었다. 요(夭)는 [허리를] 굽히다는 뜻이다. 주(走)로 구성된 글자들은 모두 주(走)가 의미부이다."(走, 趨也. 从夭止. 夭者, 屈也. 凡走之屬皆从走.)

❶

❷

주(走)는 원래 '빠른 걸음으로 걸어가다'는 뜻이었는데, 이후에 '길을 걷다'는 일반적인 의미로 바뀌었고, 빨리 가는 것을 포(跑)라고 했다. 민남(閩南) 방언의 경우 빨리 달리는 것을 말할 때 여전히 주(走)라 읽는 전통이 남아 있다.

066 **달릴 분**

奔

bēn

더 빨리 걸어야 한다면 이를 표현한 글자가 바로 분(奔)자이다. 금문에서 분(奔)자❶는 크게 흔드는 두 팔과 아래에 3개의 지(止)가 그려진 모습이다.

대단히 빨리 달리고 있는 것을 형상했는데, 매우 빠르게 달리고 있어 발을 하나 더 더하였다. 마치 영화의 슬로우 모션과 같은 모습을 연상하게 한다. 소전에 이르러 발을 뜻하는 부호인 지(止)가 풀을 뜻하는 철(屮)로 잘못 변하는 바람에 원래의 창제의미는 찾아볼 수 없어져 『설문해자』에서는 분(奔)에 대해 형성구조로 풀이했다.

> "분(奔)은 달리다는 뜻이다. 요(夭)가 의미부이고 훼(卉)가 소리부이다. 주(走)와 같은 뜻인데, 모두 요(夭)로 구성되었다."(奔, 走也. 从夭, 卉聲. 與走同意, 俱从夭.)

허신이 말한 분(奔)자의 소리부라고 한 훼(卉)자는 그 독음이 완전히 다른 운부에 속해 있으므로, 형성구조가 아닌 게 분명하다.

❶

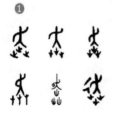

067 **늦을 지**

遲

chí

길을 걷는 사람들의 다양한 모습을 가지고 문자를 만들 수 있다. 예컨대 갑골문에서 지(遲)자❶는 두 부분으로 분석할 수 있는데, 하나는 길이고, 다른 하나는 두 사람이 서로 등진 모습이다.

이는 두 사람이 함께 길을 걷는 모습을 나타낸다. 도로를 두 사람의 앞이나 뒤에 쓸 수도 있으며, 길도 두 사람이 마주하거나 등진 방향에다 표현하기도 했는데, 이들은 모두 형성자가 아닌 회의자이다. 그러나 이 두 사람은 어떤 상황이든 항상 서로 등진 모습으로 표현되었고 게다가 한 사람은 위에 한 사람은 아래에 위치했다. 일반적인 풍속을 생각해 볼 때 이는 등의자를 사용하여 다른 사람을 운반하거나 무거운 물건을 운반하는 상황이다. 사람을 등에 지고 가야할 상황이라면 일반적으로 아직 길을 걸을 수 없는 어린 아이나 다리에 힘이 없는 노인일 것이다. 고대에는 노인을 등에 지고 산으로 옮겨가 산속에서 죽기를 기다리는 풍습이 있었다. 지(遲)자는 무거운 짐을 짊어졌기에 일반 사람들보다 걷는 속도가 늦을 수밖에 없었을 것이고, 이 때문에 '느리다'는 의미를 가지게 되었다.

❶

彴 彴 彴 彴

彴 彴 彴 彴

금문❷에서는 아래에 있던 사람의 모습이 신(辛)으로 변했는데, 형성구조로 변화하는 과정에서 일어난 일일 것이다. 『설문해자』에서는 지(遲)에 대해 이렇게 풀이했다.

> "지(遲)는 천천히 가다는 뜻이다. 착(辶=辵)이 의미부이고 서(犀)가 소리부이다. 『시경』에서는 '가는 길 더디기도 하구나'라고 노래했다. 지(𡲬)는 지(遲)의 혹체인데, 이(吕)로 구성되었다. 또 지(遟)는 지(遲)의 주문체인데, 서(屖)로 구성되었다."(遲, 徐行也. 从辶(辵), 犀聲. 詩曰: 行道遲遲. 𡲬, 遲或从吕. 遟, 籒文遲从屖.)

　금문의 지(遲)자에서 드물게 보이는 소리부를 『설문해자』에서는 자주 보이는 서(犀)가 소리부인 구조로 바꾸었다. 그런데 수록한 혹체의 자형은 여전히 착(辵)과 이(吕)로 구성되었다. 동주시대의 자료를 보면 반복된 자형을 종종 이(二)로 표현했다. 그래서 이로부터 이 글자가 갑골문의 지(遲)자로부터 변화해 온 것임을 알 수 있다.

❷

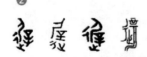

068 　뒤 후

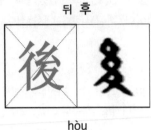

hòu

갑골문에서 후(後, 🐾, 🐾)자는 밧줄로 한 사람의 발을 묶어 놓은 모습을 그렸다. 이는 범죄자들에게 흔히 있는 모습이다. 두 발이 묶여 있으면 움직이기가 불편하고 도망가기란 더 어렵다.

이렇게 하여 길을 걷는다면 정상인들보다 뒤쳐지게 될 것이고, 그래서 '뒤'나 '늦다' 등의 뜻이 나오게 되었다. 고대에는 이러한 방식으로 범죄자들을 끌고 가 노역을 시켰는데, 다니는 길에서도 흔히 볼 수 있는 장면이었다. 그래서 금문에서 후(後)자❶는 길을 뜻하는 척(彳)이나 가다는 뜻의 착(辵)이 추가되었다. 자형에 있는 구(口)는 원래가 빈 공간을 채우기 위해 사용되던 장식성 기호로, 어떤 경우에는 자형의 중간에 추가되기도 했는데, 마지막 자형(🐾)이 이에 해당한다. 자형 변화 규칙에 익숙하지 않은 사람이라면 이 글자가 후(後)자인지를 잘 인식하지 못할 것이다.

❶

𢓌 後 𨖀 𨒥 𨒥

𨒥 𨒥 後 𨒥

『설문해자』에서는 후(後)에 대해 이렇게 풀이했다.

"후(後)는 늦게 가다는 뜻이다. 척(彳)과 요(幺)와 치(夊)로 구성되었
다. 치(夊)는 뒤라는 뜻이다. 후(遳)는 후(後)의 고문체인데, 착(辵)으로
구성되었다."(遾, 遲也. 从彳·幺·夊. 幺·夊者, 後也. 遳, 古文後. 从辵)

허신은 이 글자가 어떻게 해서 뒤쳐져 늦다는 뜻을 갖게 되었는지
에 대해 전혀 설명하지 못했다. 후(後)는 다른 사람보다 뒤쳐지다는 뜻
에서부터 시간이나 장소를 나타내는 '뒤'라는 부사로 파생되었다. 예컨대
어떤 일이 발생한 '이후'의 일이나, 어떤 장소나 지점의 '뒤쪽'이라는 의
미가 그렇다. 이러한 자형들로부터 고대사회에서 범죄자들이 길가에서
일하거나 도로를 건설하는 수단이었음을 알 수 있다.

069 저울대 형

héng

갑골문과 금문에서 형(衡)자는 아직 출현하지 않았지만, 『설문해자』에 수록된 고문체와 소전에 근거해 볼 때, 당시 도로의 또 다른 한 장면이라 할 수 있다.

『설문해자』에서는 형(衡)에 대해 이렇게 설명했다.

"형(衡)은 소가 부딪힐까 소머리에 대는 가름대를 말한다. 각(角)과 대(大)가 의미부이고, 행(行)이 소리부이다. 『시경』에서는 '소뿔에 가로 댄 나무를 대나'라고 노래했다. 형(奧)은 형(衡)의 고문체인데, 이렇게 썼다."(𩵦, 牛觸橫大木, 从角·大, 行聲. 詩曰: 設其福衡. 奧, 古文衡如此)

허신이 이렇게 해석한 것은 오류일 가능성이 크다. 『설문해자』에 수록된 고문체의 자형을 보면 한 사람이 머리에 항아리를 이고 있는 모습이다. 그래서 고문체의 형(衡)자의 아랫부분은 성인의 정면 모습을 그린 대(大)자이고 윗부분은 치(甾)자의 줄임형이라고 해야 할 것이다.

갑골문에서 치(甾)자❶는 원래 대나무 조각으로 짜서 만든 대나무 바구니였는데, 이후 서쪽이라는 의미로 가차되었다. 금문에 이르러 두 글자로 분화하였는데, 그중 하나가 치(甾, 甴, 甴)자로, 원래의 자형을 대체로 유지하고 있다.

『설문해자』에서는 치(甾)에 대해 이렇게 풀이했다.

"동쪽 초나라 지역에서는 항아리를 치(甾)라고 부른다. 상형이다. 치(甾)로 구성된 글자들은 모두 치(甾)가 의미부이다. 치(甴)는 치(甾)의 고문체이다."(甾, 東楚名缶曰甾. 象形也. 凡甾之屬皆从甾. 甴, 古文甾.)

❶

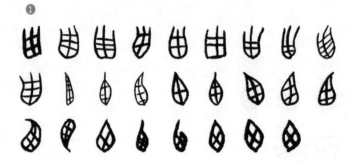

또 다른 글자는 서(西)자❷로, 이의 금문 자형은 갑골문의 간략화 된 모습을 계승하고 있지만, 이미 바구니 비슷한 모습으로 변해버렸다.

『설문해자』에서는 서(西)에 대해 이렇게 풀이했다.

"서(西)는 새가 둥지 위에 있는 모습이다. 상형이다. 해가 서쪽으로 지면 새도 둥지로 돌아간다. 그래서 동서(東西)라고 할 때의 서(西) 가 되었다. 서(西)로 구성된 글자들은 모두 서(西)가 의미부이다. 서 (欟)는 서(西)의 혹체자인데, 목(木)과 처(妻)로 구성되었다. 또 서(ⓢ) 는 서(西)의 고문체이고, 서(⊗)는 서(西)의 주문체이다."(圙, 鳥在巢上 也. 象形. 日在西方而鳥西, 故因以爲東西之西. 凡西之屬皆从西. 欟, 西或木妻. ⓢ, 古文西. ⊗, 籀文西.)

허신은 이 글자를 새가 둥지 위에 있는 모습이라고 잘못 해석하였 다. 이렇게 볼 때, 형(衡)자에서 사람 머리에 있는 ⓢ는 광주리 비슷한 기 물의 형상이라고 해야 할 것이다.

❷

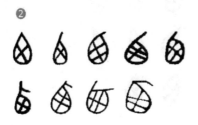

성인의 머리에 바구니를 이고 있는 모습이 어떻게 '균형을 이루다'는 뜻이 되었을까? 이는 루(塿)자의 창제의미와 비슷하다. 머리에 이고 있는 기물은 여러 사회에서 볼 수 있는 흔한 현상이다. 물건이 좀 무거우면 더 안정되고 균형이 잡혀 흔들리지 않는 법이다. 만약 머리에 인 항아리가 비어 있다면 균형을 유지하기가 어려워져 손으로 잡아야만 한다. 손으로 잡지 않는다면 이고 있는 물건이 균형을 잃어 떨어지고 말 것이다. '균형'이라는 개념은 추상적인 것이어서 구체적인 그림으로 표현해 내기가 쉽지 않다. 뜻밖에도 고대 사람들은 머리에 물건을 이고 다니던 실제 경험을 활용해 '균형'이라는 개념을 그려냈다. 머리에 이고 있는 기물이 항아리든 아니면 바구니든 모두 도로에서 흔히 볼 수 있는 모습이다. 이 때문에 소전의 자형에서는 길을 뜻하는 부호가 첨가되어 지금의 형(衡)자가 된 것이다. 다만 소전에서는 머리에 이고 다니던 바구니를 각(角)으로 잘못 그렸고, 이 때문에 '소의 뿔에 달고 다니는 가름대라 잘못 풀이하였던 것이다. 이 글자를 구성하고 있는 부분은 사람이지 결코 소가 아니다.

따라서 소전에서 더해진 행(行)의 경우, 행(行)과 형(衡)자의 운부가 서로 다르기 때문에 여기서는 소리부라 볼 수 없으며, 노동자들이 짐을 옮기는 등 머리에 무거운 물건을 이고 다니는 것이 '갈'에서 흔히 볼 수 있는 광경임을 표현한 것이다.

별 이름 루

lóu

금문에서 루(婁, 𡚼, 𡢏)자의 경우, 첫 번째 자형(𡚼)은 한 여성(㚓)이 두 손으로 머리에 인 물건을 잡고 있는 모습이다. 루(婁)는 '비다'는 뜻을 가지는데, 이는 추상적인 의미를 삶의 경험을 활용해 표현한 예라 하겠다.

자형과 연결해 볼 때, 두 손으로 잡고 있는 기물은 항아리와 같은 것들이었을 것이다. 많은 곳에서 여성들은 흙으로 만든 항아리에 물을 담아 머리에 이고 옮긴다. 항아리에 물이 채워지지 않으면 비어서 무게 중심이 불안정해지기 때문에 두 손으로 잡아야만 한다. 물이 가득 차 있는 항아리는 무게 중심이 안정적이어서 형(衡)자에서 표현된 것처럼 손으로 잡을 필요가 없다. 두 손으로 잡은 항아리가 비어 있어서, 이러한 경험에 기대어 '비다'는 추상적인 의미를 만들었다.

루(婁)의 두 번째 자형(𡢏)은 약간 잘못 변하긴 했지만 첫 번째 자형과 비교해 보면 끈(糸)을 나타내는 부호가 추가된 것 외에도 오른쪽의 자형을 보면 양손으로 어떤 기물을 붙잡고 있는 여성의 이미지를 보여주고 있다.

『설문해자』에서는 루(婁)에 대해 이렇게 풀이했다.

　　"루(婁)는 비다는 뜻이다. 무(毋)로 구성되었고, 또 중(中)과 여(女)로
　　구성되었다. 속이 비다는 뜻이다. 달리 루무(婁務)를 뜻하기도 하는
　　데, 어리석다는 의미이다. 루(𡟼)는 루(婁)의 주문체인데, 인(人)과 중
　　(中)과 여(女)로 구성되었고, 구(臼)가 소리부이다. 루(𡢏)는 루(婁)의 고
　　문체인데, 이렇게 썼다."(𡟼, 空也. 从毋从中·女. 婁空之意也. 一曰婁
　　務, 愚也. 𡟼, 籒文婁. 从人·中·女, 臼聲. 𡢏, 古文婁如此)

　　『설문해자』에서 수록한 주문체는 금문의 자형을 계승하여 약간 변
한 것을 알 수 있다. 허신은 이 자형이 어떤 형상을 표현했는지를 설명
할 방법이 없었다. 그러나 고대 사회의 생활 습관으로부터 이 글자의
의미를 충분히 이해할 수 있고 그것이 머리에 이고 있는 빈 항아리에서
왔음을 알 수 있다.

071 의심할 **의**

yí

갑골문에서 의(疑)자❶의 경우, 처음에는 서 있는 한 사람이 머리를 한쪽으로 돌리고 입을 벌린 모습(戒)이었다.

그러나 나중에는 의미가 명확하지 않다는 느낌이 들어서 지팡이를 들고 있는 모습을 추가해 이것이 노인의 모습임을 분명하게 했다(戒). 그러나 '망설이다'는 의미를 표현하기가 쉽지가 않자 다시 길을 나타내는 기호를 추가했다(戒).

이로써 지팡이를 들고 입을 벌리고 선 노인이 갈림길에 이르러 머뭇거리며 어떤 길을 선택해야할지 잘 몰라 고개를 돌려 주위를 둘러보는 모습이 되었다. 이는 길을 잃어 어떤 길로 가야할 지를 몰라 망설이는 노인들의 흔한 모습이기도 하다.

금문에서는 독음을 명확히 하기 위해 우(牛, 牛)를 더했다. 이와 동시에 한자의 일반적인 변화 추세처럼 길[彳]에다 발자국[止]이 추가되어 복잡한 글자❷가 되었다. 소전에 이르러서는 의미가 관련된 두 글자로 발전했다.

❶

❷

『설문해자』에서는 이렇게 풀이했다.

"의(𣥐)는 확정하지 못하다는 뜻이다. 화(匕)가 의미부이고 시(矣)가 소리부이다. 시(矣)는 시(矢)의 고문체이다."(𣥐, 未定也. 从匕, 矣聲. 矣, 古文矢字.)

"의(疑)는 의심하다는 뜻이다. 자(子)와 지(止)가 의미부이고, 시(矣)가 소리부이다."(𤴕, 惑也. 从子止, 矣聲.)

　『설문해자』에서는 의(𣥐)자와 의(疑)자의 자형에서 노인의 손에 든 지팡이를 화(匕=化)자로 해석하는 바람에 '노안'의 모습을 표현할 방법이 없었고, 또한 '변화'와 '망설임'이라는 의미 사이의 관계를 설명해 낼 수 없었다. 그리고 의(疑)자에 들어 있는 자(子)도 갑골문과 금문의 자형과 비교해 보면 이것이 척(彳)이 잘못 변한 모습으로 이해해야 할 것이다. 그래서 『설문해자』에서는 이들 자형과 의미 간의 관계를 명확하게 해석해 낼 수가 없었던 것이다. 길을 잃는 것은 노인들의 기억력이 감퇴한 결과의 하나이다. 고대 사람들의 수명이 오늘날보다 훨씬 짧았음을 고려하면 기억력 감퇴도 현대인보다 훨씬 더 일찍 나타났을 것이다.

제**7**부

수상 교통 도구의
제조와 응용

고대 사람들이 평지로 이동해서 거주하기 이전에는 교통수단을 이용할 필요가 없었다. 다만, 걷기에 불편한 사람들은 다른 사람들이 그를 업고가야 하는 고생을 해야 했다. 그런데 평지에 살게 되자 멀리 떨어진 곳에 가기 위해서는 여러 날이 걸린다 해도, 교통수단에 대한 절박한 심정은 없었다. 하지만 호수와 연못가에 사는 사람들은 달랐다.

건널 수 없는 물길에 직면하여 강을 건너거나 물 위를 이동하는 도구를 만들어 물에서 낚시를 하거나 외딴 곳까지 가서 생활에 필요한 재료를 찾아야만 했다. 배를 젓는 노는 이 지역을 사는 사람들에게 필요한 생계를 위한 도구로, 이론적으로는 노가 수레나 가마보다 더 일찍 발전하였다.

건널 섭

shè

평평한 땅이든 늪지대든, 생활 속에서 물길이라는 어려운 문제에 직면하게 될 때, 물이 깊지 않다면 물을 건너는 것은 문제가 되지 않을 것이다.

갑골문에서 섭(涉)자❶는 하천을 가로 질러 앞뒤로 두 발이 물을 건너는 모습을 그렸다. 물길을 나타낸 것은 다양한데, 곡선을 하나만 그린 것도 있고, 몇 방울의 물이 양쪽으로 추가된 경우도 있고, 또 두 개의 곡선으로 그려진 넓은 강을 형상한 것도 있다. 원래는 앞뒤의 두 발이 강의 양쪽에 나뉘어져 있어야 강을 건너는 동작이 될 수 있다. 그러나 일부 자형은 강의 한쪽에 두 발을 그린 것도 있는데, 이는 아직 강에 들어가지 않은 것을 표현한 것으로, 아마도 잘못 그려진 형태일 것이다.

❶

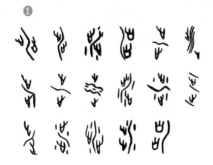

금문②에서는 발자국의 형상이 이미 비슷하지 않은 모습으로 변해 버렸지만, 발은 여전히 물의 양쪽에 있다. 때로는 강의 모습이 분명하지 않을까 걱정되어 다시 물길의 형상을 추가하기도 했다. 례(濿: 징검다리 건너갈 례)가 그것인데, 『설문해자』에서는 이렇게 풀이했다.

> "례(濿)는 맨 발로 물길을 건너는 모습이다. 추(㳄)와 보(步)로 구성되었다. 례()는 전서체인데, 수(水)로 구성되었다."(, 徒行濿水也. 从㳄步. , 篆文从水.)

두 발을 한쪽으로 몰아 써, 맨발로 물길을 건너는 원래의 의도를 나타낼 수 없게 되었다.

②

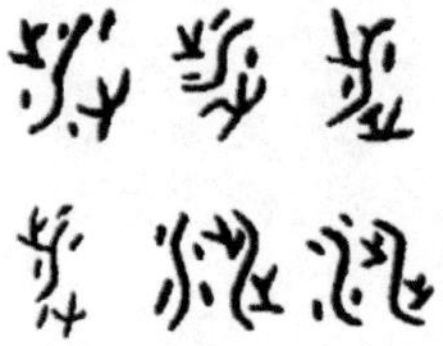

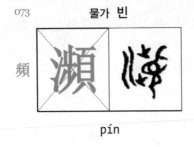

073 **물가 빈**

頻

pín

만약 급류나 깊고 넓은 물길을 만났을 때, 건너갈 배가 없다면 대부분의 사람들은 옷을 입고 물을 건넌다. 그리고 반대편의 둑에 도착해서는 불로 옷을 말리고 다시 가던 길을 간다. 그러나 신분이 높은 귀족들은 이렇게 간단하지 않았다.

금문에서 빈(瀕)자❶는 귀족(🐚)이 강둑의 한쪽에 두 개의 발을 그려 큰 강을 마주하고 있음을 나타냈다. 이 장면이 표현하는 의미를 이해하려면 먼저 혈(頁)자를 알아야 한다.

갑골문에서 혈(頁)자❷는 무릎을 꿇은 사람의 모습인데, 머리 전체가 그려져 있으며, 때로는 눈썹까지 그려 넣은 섬세함까지도 보여준다. 기본적으로 이는 평범한 사람(🐚, 🐚)과는 다른 고귀한 지위를 강조하기 위한 모습이다.

❶   ❷

『설문해자』에서는 혈(頁)에 대해 이렇게 풀이했다.

"혈(頁)은 머리를 말한다. 수(百)로 구성되었고, 또 인(儿)으로 구성되었다. 혈(頁)의 고문체도 수(首)로 구성되었다. 혈(頁)에 속하는 글자들은 모두 혈(頁)이 의미부이다."(頁, 頭也. 从百·从儿. 古文从首如此. 凡頁之屬皆从頁.)

허신이 혈(頁)이 사람의 머리라고 풀이한 것은 좋았지만 그것이 귀족의 신분과 관련되었음을 지적하지는 않았다.

갑골문과 금문에서 혈(頁)로 구성된 글자 군을 종합해 보면, 이들 글자는 모두 귀족의 행위에 치우쳐져 있음을 발견할 수 있다. 예를 들어, 이 시리즈의 제3권 『일상생활』(1)의 제8장 '의복제도와 장신구'에서 소개한 리(履)자는 신발을 신는 사람의 머리, 얼굴, 눈썹을 그려 넣어 귀족의 모습(𡳀)이라는 것을 강조하였다. 배 없이 강을 마주 했을 때 귀족들은 눈살을 계속 찌푸리며 물을 건너가야할지 말아야할지를 고민했을 것이다. 어떤 문제를 생각하기 위해 눈썹을 찡그리는 것은 삶의 일반적인 행동이다. 그것을 표현하기 위해 글자를 만들어야 했지만 찡그린 표정을 생생하게 그려낸다는 것은 어려운 일이다. 그래서 글자를 만든 사람들은 귀족이 강을 마주한 모습을 통해 찡그린 얼굴의 의미를 아주 교묘하게 표현해 낸 것이다.

『설문해자』에서는 빈(瀕)에 대해 이렇게 풀이했다.

"빈(瀕)은 물가에 사람이 서 있는 모습이다. 얼굴을 찌푸리며 건너 가지 못하는 모습을 그렸다. 혈(頁)로 구성되었고, 또 섭(涉)으로 구성되었다. 빈(瀕)으로 구성된 글자들은 모두 빈(瀕)이 의미부이다."
(瀕, 水涯人所賓附也. 顰戚不前而止. 从頁从涉. 凡瀕之屬皆从瀕)

혈(頁)과 섭(涉)으로 구성되었다는 허신의 설명은 매우 정확하지만 물을 건너기 전의 모습에 대한 설명은 없다. 일단 물을 건너기로 했다면 옷이 젖거나 익사로 생명을 잃을 위험에 대해서는 걱정하지 않기로 결심했음을 의미하기 때문에, 더는 눈살을 찌푸리지 않았을 것이다. 그래서 금문에서 빈(瀕)자는 두 발이 물의 같은 쪽에 있는 모습으로 그렸다. 이후 자형의 구조가 정사각형 모양으로 변화하기 시작하면서 소전의 섭(涉)과 혈(頁)로 구성된 구조가 되었다. 그러나 어떤 사람들은 이 글자가 수(水)가 의미부이고 빈(頻)이 소리부인 구조로 오인하기도 하며, 또 자형을 분석하면서 빈(頻)자가 빈(瀕)자에서 수(水)를 생략하여 만든 글자로 해석하여, 이로써 '頻臨(bīnlín: 근접하다, ~하려 하다)'이나 '頻頻 (pínpín: 누차, 항상)' 등의 의미를 연계해서 설명하기도 한다.

배 주

舟

zhōu

강 건너 편에 생활에 필요한 물자가 있다는 것을 알게 된다면, 현명한 사람들은 그 강을 건너갈 방법을 생각할 것이다. 전국시대 말기의 『고공기(考工記)』에 이런 언급이 있다.

"지혜로운 자는 만들고, 기술이 좋은 자는 그것을 기술하고 만드는 방법을 지키고 전수한다. 세상에서는 이들을 장인이라 부른다. 온갖 종류의 장인들이 하는 일은 모두 성인들이 만들어 낸 것들이다. 쇠를 녹여서 칼날을 만들고, 흙을 이겨서 기물을 만들고, 수레를 만들어 땅에서 이동하고, 배를 만들어 물길을 헤쳐 나갔는데, 이 모든 것들이 성인들의 작품이다."(知者創物, 巧者述之·守之, 世謂之工. 百工之事, 皆聖人之作也. 鑠金以為刃, 凝土以為器, 作車以行陸, 作舟以行水, 此皆聖人之所作也.)

그렇다면 성인들은 어떤 영감을 받아 배를 만들게 되었을까? 『회남자·설산(說山)』에서는 "속이 빈 나무가 물에 뜨는 것을 보고 배를 만들게 되었다.(見竅木浮而知舟.)"라고 했고, 『세본(世本)·작편(作篇)』에서는 "떨어지는 낙엽을 보고서 배를 만들게 되었다.(觀落葉, 因以為舟.)"라고 했는데, 이는 모두 물에 떠다니는 것에서 영감을 받았음을 말해 준다.

6천여 년 전 절강성 여요(餘姚)의 하모도(河姆渡) 제4문화층에서 이미 나무로 만든 노가 발견되었다. 나무 노는 배를 전진시킬 수 있는 도구이기 때문에 당시에 배가 있었던 것은 확실하다. 사람들이 처음에는 나무 몸통을 사용하여 속을 파내고 그런 방식으로 카누(독목주)를 만들었음을 알 수 있다. 그러나 카누는 안정성이 떨어지고 적재 능력이 크지 않다. 통나무 여럿을 결합하여 뗏목을 만든다 해도, 적재 능력은 여전히 제한되어 있었다. 물도 뗏목 표면을 관통해 들어와 물건들을 적시는 바람에 그다지 이상적인 것은 못 되었다. 나중에 사람들은 많은 나무판을 조립하여 선실이 있는 배를 만드는 방법을 알게 되었다. 이는 운행의 안정성을 높여주었을 뿐만 아니라 더 큰 적재 능력을 가지고 있어 수상 운송에 필요한 경제적 효과를 달성할 수 있었다.

갑골문에서 주(舟)자❶는 배의 모습을 그렸다는 것을 쉽게 알 수 있다. 주(舟)자는 선이 구부려져 있는데, 내려다보는 배의 선체가 구부러진 것을 본 적이 없기에, 이는 분명 입체적인 형상임이 분명하다. 하지만 이는 카누처럼의 독목주는 아니다. 그것은 많은 나무판을 사용하여 서로 연결하여 선실을 만든 배로 보인다. 금문❷에서는 선실을 나타내는 획이 생략되어 있다. 소전에서는 배의 한쪽 끝 선을 굽은 모양으로 변화시켰다.

❶   ❷

『설문해자』에서는 주(舟)에 대해 이렇게 풀이했다.

"주(舟)는 배를 말한다. 옛날 [황제의 신하였던] 공고(共鼓)와 화적 (貨狄)이 나무속을 파내 배를 만들고 나무를 깎아내 노를 만들어, 어느 곳이든 막힘없이 운반할 수 있게 했다. 상형이다. 주(舟)로 구 성된 글자들은 모두 주(舟)가 의미부이다."(舟, 船也. 古者共鼓貨狄刳 木爲舟, 剡木爲楫, 以濟不通. 象形. 凡舟之屬皆从舟.)

허신은 주(舟)가 상형자이고, 공고(共鼓)와 화적(貨狄)이라는 사람이 통나무 속을 파서 배를 만들었다고 했다. 그러나 이 자형이 이미 초기 단계의 독목주(獨木舟)를 그린 것이 아니라는 사실에 대해서는 분명하게 설명하지 않았다. 주(舟)는 독목주보다 훨씬 발달한 배의 모습으로, 나무 판으로 연결되어 있는데, 이러한 사실은 짐(朕)자에서 증명할 수 있다.

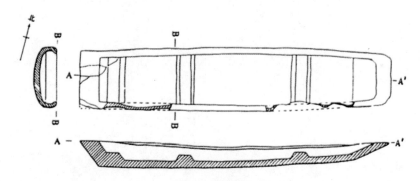

▌3~4천 년 전의 독목주(獨木舟).

075 **나 짐**

zhèn

갑골문에서 짐(朕)자는 이미 1인 칭 대명사로 사용되어 원래 의미를 알 수가 없다. 그러나 다행히도 『고공기』에서 사용된 의미를 통해 글자의 창제의미를 추측할 수 있다.

갑골문❶의 자형을 보면, 배[舟]의 양쪽에 두 손으로 어떤 도구를 잡고 있는 모습이다. 금문❷에서는 많은 변화가 있었다. 먼저, 많은 자형들처럼 세로로 된 직선의 중간에 점을 추가하거나(朕), 두 손을 세로 직선에 연결하여 변형시킨 모습(朕)이다. 그 다음의 변화는 세로 직선의 양쪽에다 대칭 되는 사선을 넣은 형태(朕)이다. 이러한 과정은 종종 볼 수 있는 진화 현상 이며, 그 결과 소전에서는 화(火)자의 모습으로 변해버렸다.

❶

❷

『설문해자』에서는 짐(朕)에 대해 이렇게 풀이했다.

"짐(朕)은 우리라는 뜻이다. [원래 의미를 알 수 없에 비워둔다." (朕, 我也. 闕.)

'비워둔다(闕)'는 말은 이 글자의 자형이 어떻게 해서 '우리'라는 뜻을 표현하게 되었는지 알 수 없다는 말이다. 『고공기·함인(函人)』에서는 짐(朕)자를 갑옷을 기운 틈새라는 의미로 사용하였는데, 이는 이 글자의 창제의미를 이해할 수 있게 해준다. 독목주 이후 배가 진화한 방법을 보면, 많은 나무판을 잇대어 배를 만들었고, 나무판을 잇댄 곳에는 틈새가 생기기 마련이라 이를 메워야만 했다. 배 판자에 생긴 틈새가 일반적인 틈새라는 의미로까지 확장된 후, 다시 1인칭 대명사로 가차되어 사용되었다. 그래서 짐(朕)자는 배 판자 사이의 틈새를 두 손으로 도구를 들고 메워 넣는 모습이며, 이로써 틈새를 메우다는 의미를 표현했을 것이다.

하모도(河姆渡) 유적지에서 이미 홈이 파진 판(grooved slab)[은촉붙임을 하기 위하여 한쪽 널빤지는 '凸'형으로, 다른 한쪽 널빤지는 '凹'형으로 만든 두 널빤지]이 발견되었다. 소위 '홈이 파진 판'은 판자의 양쪽을 파서 홈을 만들고, 사다리꼴 단면이 있는 또 다른 판자를 수용하도록 되어, 두 판자를 틈이 없이 평면에 가깝게 연결할 수 있다. 그러나 여전히 침투할 수 있는 것이 물이다. 만약 틈을 완전히 막을 수 없다면 침투 한 물이 결국 배를 물속으로 가라앉혀 배로서의 기능을 잃게 만들 것이다. 따라서 틈을 막을 방법이 반드시 있어야만 했다. 어떤 곳에서는 나무판에다 구멍을 뚫어 로프를 묶은 다음 특수 나무껍질을 사용하여 틈새를 메우는데, 나무껍질이 물에 닿으면 부풀어 올라 틈이 없어지게 되므로 배가 안전하게 물 위에서 항해할 수 있게 된다. 그러나 중국에는 나무 천공에 대한 기록이 없으므로, 분명 다른 방법이 있었을 것이다.

절강성 여요의 하모도 유적의 5천5백 년 전의 지층에서 붉은색을 칠한 나무그릇이 발굴되었다. 또 상해 청포(靑浦)에 있는 5천5백년 이상 된 유적에서는 채색된 검은색 굽 높은 도기[豆]가 발견되었다. 적외선 분광기 분석을 통해, 이는 생 옻칠을 한 것으로 입증되었다. 이 두 지역은 옻나무의 생육에 적합한 습지 지역에 위치하고 있다. 그래서 중국에서 생 옻칠을 사용했음을 확인할 수 있다. 생 옻칠에 쓰는 옻은 옻나무의 줄기에서 채취하여 탈수 후 불에 달구어 추출과정을 거치면 짙은 어두운 색의 진득진득한 액체로 변한다. 이러한 점성이 있는 진한 옻 추출액을 두꺼운 물체의 표면에 바르고 용액이 증발하여 박막을 형성할 때까지 기다린다. 공기가 습할수록 옻 액은 더 잘 굳어진다. 응고된 다음에는 고도의 내열성과 내산성을 갖게 된다. 이러한 생 옻칠은 틈새를 메우는데도 사용되었다. 나무판의 이음새를 메워 물이 새지 않도록 하여 조선에 필요한 요구를 충족시킬 수 있었다.

이론적으로 5천여 년 전 중국에서는 이미 배를 만드는 기술을 확보했었다. 배의 윤곽이 신발의 모양과 비슷했기 때문에, 짐(朕)자가 두 손으로 바늘을 들고 신발을 꿰매어 남긴 기운 흔적을 표현한다고 생각했을 것이다. 그러나 작은 바늘을 사용해 신발을 깁는다면 두 손으로 바늘을 잡을 필요가 없기에, 배의 틈을 메우는 모습으로 풀이하는 것이 더 합리적이라 생각된다.

상나라가 이미 나무판을 조합하여 배를 만들었다는 것은 한자의 자형을 통해 추정할 수 있다. 나무판 접합부의 누수를 방지하는 것은 배를 만들 때의 어려운 부분이었고, 누구나 습득할 수 없는 특수한 기술이기도 했다. 따라서 동한시대에 이미 여러 층으로 된 배를 건조할 수 있을 정도로 조선 기술이 발달하였음에도, 강소성, 절강성, 복건성, 광동성, 사천성 등의 수상 마을에서의 진(秦)이나 한나라 유적지에서는 여러 번 독목주가 발견되었다.

076

무릇 범

fán

통나무를 파내 만든 몸 하나만 수용할 수 있는 독목주에서부터 나무판을 잇대어 붙여서 배를 만들고, 다시 2층 배를 만들었던 전국시대를 거쳐 동한 때에는 2~3천명을 수용할 수 있는 10층 배까지 만들어졌다.

이러한 발전 과정에서 돛의 응용은 매우 중요한 요소였다. 배가 급류를 통과할 때에는 안정성의 확보가 어려워 전복 사고를 일으키기 쉽다. 베로 만든 돛을 활용해 풍력을 조절하면, 평온한 물길에서는 더 빠른 속도로 이동할 수 있으며, 급류에서도 속도를 감소시켜 전복을 막을 수 있다.

『전국책·초책(楚策)』에 장의(張儀)가 진(秦)나라 왕을 설득하면서 이런 말을 했다고 기록하고 있다.

"진나라의 서쪽에 있는 파촉(巴蜀)에서는 큰 배에 병사를 태우고, ……물에 들어가서 배를 띄우면 하루에 3백리 이상을 갈 수 있습니다. 매우 먼 거리이지만 힘든 노력을 하지 않고서도 10일도 되지 않아 초나라의 간관(扞關)에 이를 것입니다."(秦西有巴蜀, 舫船載卒, ……下水而浮, 一日行三百餘里. 里數雖多, 不費汗馬之勞, 不十日而距扞關.)

당시의 배가 하루에 3백리를 갈 수 있는 속도였다면 이는 분명 돛의 힘을 빌린 효과였을 것이다.

갑골문에서 범(凡)자❶는 갑골복사에서 바람을 뜻하는 풍(風)자로 사용되었다. 이를 통해 이것이 돛을 뜻하는 범(帆)자의 어원임을 알 수 있다. 범(凡)은 베로 만든 돛의 형상을 그렸다. 범(凡)자는 풍(風)자의 소리부로도 사용되었는데[풍(風)은 충(虫)이 의미부이고 범(凡)이 소리부이다], 이는 돛이라는 설비가 바람과 관련된 것임을 보여준다. 일반적으로 섬유로 짜여진 천으로 돛을 만들었으므로, 나중에 의미부인 건(巾)을 더해 범(帆)자가 만들어졌다.

금문❷은 갑골문의 자형을 유지하고 있다. 『설문해자』에서는 범(凡)에 대해 이렇게 풀이했다.

> "범(凡)은 가장 포괄하여 말하다는 뜻이다. 이(二)로 구성되었는데, 이(二)는 짝을 말한다. 또 기(己)로 구성되었는데, 기(己)는 급(及)자의 고문체이다."(凡, 最括而言也. 从二. 二, 耦也. 从己. 己, 古文及字.)

소전의 자형은 이미 상당히 변한 상태다. 그래서 허신은 범(凡)을 이(二)와 기(己)로 구성되었다고 풀이했는데, 원래의 자형을 보지 못했기 때문이다. '무릇'이라는 뜻인 범(凡)자의 의미는 문법적 기능을 나타내는데, 다른 글자에서 빌려온 의미일 것이다. 돛은 존재하는 실물이기 때문에 그려내기가 쉬운 상형자였다. 배의 구조가 날로 복잡해지면서 돛의 형태도 더욱 복잡해져 갔다.

❶   ❷

처음에는 돛의 설치가 고정되어 바람을 따라서만 항해할 수 있었다. 그래서 풍향의 각도가 어긋나면 사용할 방법이 없었다. 전국시대 초기에 월(越)나라가 해안 경로를 따라 오(吳)나라를 공격한 것은 돛의 방향을 조정하는 방법을 응용했던 것으로 보인다. 그렇지 않았다면 높은 파도가 치는 바다에서 항해를 할 수가 없을 것이기 때문이다. 삼국 시대에는 남중국해까지 항해하는 배가 존재했다. 기록에 의하면 다음과 같이 기술되어 있다.

> "배의 크기에 따라 4개의 돛이 사용되었는데, 앞뒤로 중첩되게 배열했다. 호두목(戶頭木)이라는 나무는 그 잎이 문살과 같이 생겼고 길이는 1길(丈) 정도 되는데 이를 짜서 돛을 만든다. 4개의 돛은 서로 마주 보지 않게 하고 모두 기울게 하여 돛이 한데로 모이게 하고, 바람이 부는 각도를 이용하여 바람의 힘에 의해 밀리도록 한다. 역풍이 불 때에는 돛의 각도를 상대적으로 조정하여, 바람의 힘을 반사시키는데, 이렇게 하면 바람의 힘을 받아 나아갈 수 있다. 바람이 너무 세면 돛의 수를 줄여서 바람을 받기 위해 대각선으로 걸어 서로 바람의 힘을 얻도록 할 수도 있는데, 너무 높이 걸어 위험하지 않도록 해야 한다. 이렇게 함으로써 급한 바람과 강한 파도를 피하지 않고서도 빠르게 나아갈 수 있다."(隨舟大小或作四帆, 前後沓載之. 有戶頭木, 葉如牖, 形長丈餘, 織以爲帆. 其四帆不正前向, 皆使邪移, 相聚以取風吹. 風後者激而相對, 亦並得風力. 若急則隨宜增減之. 邪張相取風氣, 而無高危之慮, 故行不避迅風激波, 所以能疾.)

선원은 돛의 방향과 수를 조정하여, 어떤 풍향이라도 항해를 할 수 있었다. 이러한 경험은 서양의 기술보다 수세기 이상 앞서 있었다. 항해 기술의 발달은 남동쪽 해안 지역의 호수와 습지의 개발과도 관련이 있다.

077 지을 조

zào

수상 운송 속도는 육로 운송보다 10배는 빠를 수 있다. 『사기·회남왕안전(准南王安傳)』에는 초나라 출신의 오피(伍被, ?~기원전 122년)가 회남왕 유안(劉安)에게 다음과 같은 계책을 조언했다고 기록하고 있다.

"임금께서는 강릉 지역의 나무를 사용해 배를 만드십시오. 배의 적재 능력은 중원 지역 국가에서 사용하는 수십 대의 우마차에 해당하오니, 국가가 부강해질 것이고, 백성들이 많아질 것입니다."(上取江陵木以爲船, 一船之載, 當中國數十兩車, 國富民衆.)

수상 운송은 그 적재량이 수레의 수십 배, 속도는 10배나 되어, 군사적으로나 경제적으로 그 가치가 매우 확실했다.

『상서·우공(禹貢)』을 보아도 하나라 우임금 때에 각 지역에서 공납한 노선에 대해 기술했는데, 적절한 수로가 없을 때만 육로가 채택되었다. 중국인들은 아주 일찍부터 배를 만들기 시작했기 때문에 선박 제조와 관련된 고문자도 당연히 존재할 것이다.

갑골문에서는 아직 조(造)자가 발견되지 않았지만, 금문❶에서는 다양한 형태로 등장하고 있다. 문자학의 변화 규칙으로 볼 때, 𩇟가 최초의 자형으로, 면(宀, ∩)과 주(舟, ↷)라는 두 가지 요소로 구성되었다. 면(宀)은 고문자에서 자주 보이는데, 집의 외부 모습을 그려낸 글자이다. 그래서 𩇟는 집에 배가 있는 상태를 표현했다. '집에 배가 있는 상태'로써 '제조(製造: 공장에서 물건을 만들다)하다'는 의미를 표현했는데, 글자의 창제의미는 조선소에서 배를 만드는 데서 왔음이 분명하다. 배는 물 위를 항해하는 교통수단으로, 크기가 매우 크기 때문에 집에 들여 놓을 수 있는 가구도 될 수 없으며, 보통 집에 배를 보관하거나 정박시킬 수도 없다. 집 안에 배가 있다는 것은 조선소에서 배를 만드는 단계에서만 나올 수 있는 장면이다. 배가 완성되기만 하면, 물에 띄워 항해하면 된다. 이렇게 보면 조(造)자의 창제의미를 쉽게 이해할 수 있다.

❶

𩇟 𩇟 𩇟 𨦬
𢧵 𨦬 𨤋 𨦬

문자의 진화 과정을 보면, 발음의 편의를 위해 종종 회의구조에다 독음 부호를 더하여 형성구조를 만든다. 그래서 조(艁, 䚷)자는 소리부인 고(告, 𠷎, 𠱥)가 더해진 형성구조이다. 더 진화하게 되자, 일부 사람들은 이 글자의 창제의미를 이해하지 못한 채 집[宀]을 버리고 조(䑦)로 간략화시켰다. 그리하여 구조적으로 주(舟)가 의미부이고 고(告)가 소리부인 형성구조가 되었다. 또 제작하는 물품에 따라, 어떤 사람은 '무기를 제작하다'는 뜻에서 과(戈: 무기)를 넣은 조(�ꥢ), '금속으로 만든 기물을 제조하다'는 뜻에서 금(金: 금속)을 넣은 조(錯), '교통이나 여행에 필요한 것을 제작하다'는 뜻에서 착(辵: 길)을 넣은 조(艁), 혹은 '돈을 주고 산 제작품'이라는 뜻에서 패(貝: 화폐)를 넣은 조(䚷) 등 다양한 모습의 글자를 만들어 냈다.

　　『설문해자』에서는 조(造)에 대해 이렇게 설명했다.

　　　　"조(造)는 취(就)와 같아 나아가다는 뜻이다. 착(辵)이 의미부이고 고
　　　　(告)가 소리부이다. 담장(譚長)은 조(造)가 '흙을 북돋우다는 뜻이라
　　　　고 했다. 조(䑦)는 조(造)의 고문체인데, 주(舟)로 구성되었다."(艁, 就
　　　　也. 从辵, 告聲. 譚長說: 造, 上士也. 䑦古文造从舟.)

　　『설문해자』에 표시된 고문체는 바로 금문의 자형이다. 지금 사용하는 조(造)자는 소전의 자형(艁)만을 선택한 것이다. '배를 만들다'는 뜻의 원래의 자형은 이미 사라졌기 때문에, 허신은 조(造)자의 의미를 해석하면서 일반적인 창조나 제조의 의미를 사용하지 않고, '나아가다(就)'나 '흙을 북돋우다(上士)'는 의미로 풀이했는데, 모두 잘못된 것이다.

광주(廣州)에서는 약 2천2백4십년 전의 진한(秦漢) 시대의 조선소 유적이 발견되었다. 유적에 남겨진 조선 플랫폼을 통해 당시 건조된 선박의 규모를 추정할 수 있다. 당시 일반 선박의 폭은 5미터 이하였으며, 몇몇 대형 선박은 폭이 8미터에 달할 수 있다. 출토된 배의 모형으로 추정한다면 이 조선 플랫폼에서 건조된 선박의 실제 길이는 20미터에 이르며 적재 무게는 25~30톤 정도로, 『월절서(越絶書)』에서 말했던 배보다는 작다. 이 조선소에서 만들어진 배는 해안선을 따라 항해하던 화물선이었을 것이다.

3세기 때의 삼국시대에 이르면, 『진서(晉書)·왕준전(王浚傳)』에서 진(晉)나라가 동오(東吳)를 공격할 때 사용했던 주력 전함에는 2천명의 병사가 탈 수 있다고 했고, 『수경주(水經注)』에서는 동오의 큰 배는 3천명이 탈 수 있다고 했다. 또 『한서·식화지(食貨志)』에서는 한 무제가 남월(南粤)을 공격했을 때 놀랍게도 "여러 층으로 된 배에 실은 병사가 20여만 명"이라고 했다. 『사기·화식열전(貨殖列傳)』에서는 상인들의 선단 길이가 수천 길[丈]에 이르렀다고 했다. 이러한 관련 기록들을 통해, 선박의 규모와 발전 속도를 확인할 수 있다.

제8부

육상 교통 도구의
제조와 응용

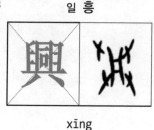

078 일 흥

xīng

제6부에서 소개한 지(遲)자는 한 사람이 다른 사람을 등에 업었기 때문에, 혼자 걷는 사람보다 느리게 행동하고 늦게 도착한다는 의미를 표현했다.

사람을 등에 업는다는 것은 특정 장소에 도달하기 힘든 사람들을 돕는 방법으로, 대부분 산에 사는 사람들이 사용했다. 이 방법은 업는 사람이 매우 힘들기에, 도구의 일종인 어깨에 메는 들것을 생각해내게 되었다.

갑골문에서 흥(興)자❶는 앞 뒤 네 개의 손을 모아 멜대나 어깨에 메는 들것을 들어 올리는 모습이다. 가운데의 사각형은 사람이 앉는 곳이고, 앞뒤로 튀어 나온 네 개의 선은 들것의 나무 손잡이로 두 사람이 네 손, 혹은 네 사람이 네 손으로 함께 들고 앞으로 나아갈 때 사용하는 것이다. 이 글자의 초점은 들어 올리는 동작에 있다. 그래서 들어 올리고 일어나는 모든 움직임과 상황을 표현하는데 사용되었다. 이후에 아래쪽의 두 손 사이에 구(口)가 더해졌는데, 이는 실제로 입과는 아무런 관련이 없는 장식성 부호이다. 대부분의 글자들에서 이러한 장식성 부호는 그대로 유지되었고, 흥(興)자 또한 예외는 아니다. 그렇지만 금문에서는 구(口)를 위쪽으로 이동시키는 바람에 들것의 일부분인 것처럼 보인다.

❶

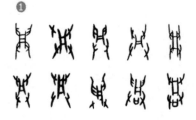

금문❷에서 ✗은 족휘 부호로, 갑골문보다 더 사실적인 특징을 보여준다. 그래서 이 흥(興)자의 변화 과정은 ✗에서 ✗으로 변한 것인데, 속을 채운 모습이 빈 칸으로 바뀌었다. 그 다음은 장식성 부호인 구(口)가 더해진 ✗이며, 계속해서 구(口)가 위쪽으로 이동하여, 들것과 한 몸통이 된 것처럼 보인다.

『설문해자』에서는 흥(興)에 대해 이렇게 풀이했다.

> "흥(興)은 일으키다는 뜻이다. 여(舁)와 동(同)으로 구성되었다. 힘을 합치는 것을 말한다."(✗, 起也. 从舁同. 同力也.)

허신은 이 글자의 구성 요소에 동(同)자가 든 것으로 잘못 이해하였다. 그래서 전체 자형의 분석도 잘못되어 여(舁)와 동(同)으로 구성된 구조로 해석하였다. 어깨에 메는 이러한 들것은 안양의 상나라 유적지에서 이미 등장하는데, 멜대에 호랑이 무늬 조각이 있는 것으로 보아 평범한 사람들이 사용했던 것이 아님을 분명히 알 수 있다. 멜대는 원래 걷기에 불편한 사람들을 돕는 도구였지만, 귀족들은 그것을 귀족 특유의 교통수단으로 여겼다. 높다랗게 들려진 가마 위에 건장한 사람이 앉아 사방 도처로 돌아다니는 것은 대중들에게 그 권위를 한눈에 보여주기 위함이다. 그래서 승여(乘輿: 가마를 타다)가 왕을 상징하는 단어가 된 것이다.

❷

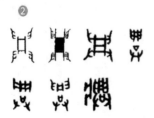

사람의 힘으로 들어 올리는 이러한 탈것은 원래 자유롭게 움직일 수 없는 사람들을 돕기 위한 임시방편의 조치일 뿐, 들것을 멘 사람들을 폄훼하는 의미가 없었다. 그러나 권세를 가진 귀족들이 사용하게 되면서 부를 자랑하고 사치 경쟁을 하는 도구가 되었다. 『진서(晉書)·환현전(桓玄傳)』에서는 환현이 만든 큰 가마는 30명이나 탈 수 있는데 그것을 들려면 2백 명이 필요하다고 했다. 한 번 상상해보자. 2백 명이나 되는 사람들이 앞에서는 구호를 외치고 뒤에서는 따르는, 그 위풍당당한 기세를 말이다. 그런데 이렇게 과도한 뽐냄이 백성들의 반감을 불러일으키는 것은 당연한 일이었을 것이다. 게다가 사회의 생산력이 증가하면서 인간의 존엄성도 점차 중시되는 시기라면 더 할 것이다. 그렇기에 사람들은 가마를 최초 발명한 사람을 역사에서 유명한 폭군에게로 돌렸다. 예컨대 기원전 16세기 하나라의 걸(桀)왕, 심지어는 진시황이기도 했다. 그러나 사실은 결코 그렇지 않다. 일찍이 상나라 때에 이미 메는 가마를 사용하였다.

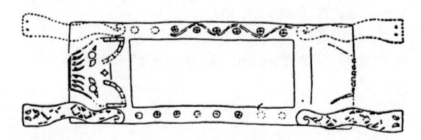

▮상나라 가마의 복원도.

079 **수레 여**

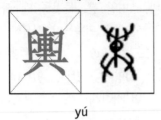

yú

갑골문에서 여(輿)자❶는 또 다른 종류의 들것을 표현했다. 자형을 보면 중심축에 있는 원형의 들것을 앞뒤의 네 손으로 함께 들어 올린 모습이다.

이러한 종류의 들것은 운남성의 청동 북[銅鼓]에 자주 보이는 무늬이기도 하다. 원형으로 된 가마 받침대는 기울어지기가 쉬워 네 손으로 튼튼한 지지대를 단단히 잡아야만 한다. 이는 원래 들것에 있는 좌석을 지칭했는데, 이후 의미가 확장되어 바퀴 달린 수레의 좌석을 지칭하게 되었다.

『설문해자』에서는 여(輿)에 대해 이렇게 풀이했다.

"여(輿)는 수레의 좌석을 말한다. 거(車)가 의미부이고 여(舁)가 소리부이다."(輿, 車輿也. 从車, 舁聲.)

허신은 이 글자를 형성구조로 보았는데, 이는 잘못된 견해이다.

❶

줄 여

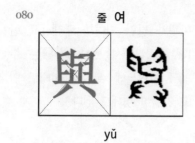

yǔ

여(輿)자의 구조는 흥(興)이나 여(舁)와 비슷하다. 금문❶에서는 네 개의 손이 기물의 양쪽 끝부분에 있어, 두 사람이 각각 두 손으로 어떤 기물을 꼬는 모습을 보여준다.

그중 가장 자주 보이는 형태는 옷을 짜서 말리는 자태이다. 한 사람의 두 손으로는 젖은 긴 옷이나 홑이불을 짜낼 만큼 힘이 강하지 않기 때문에, 두 사람이 양손을 서로 반대 방향으로 비틀어 동시에 짜야했다. 그래서 여(輿)자는 어떤 일에 서로 함께 참여하여 일을 하다는 의미를 가지고 있다. 아래의 두 손 사이에 든 구(口)는 의미가 없는 장식성 부호로, 이후 변화과정에서 더 보존되지 못하고 없어졌다.

『설문해자』에서는 여(輿)를 이렇게 풀이했다.

"여(輿)는 무리를 지어 함께 하다는 뜻이다. 여(舁)와 여(与)로 구성되었다. 여(兪)는 여(輿)의 고문체이다."(𦥑, 黨輿也. 从舁与. 兪, 古文輿.)

고문체에서는 위쪽에 있는 두 손이 생략되었는데, 글자의 창제의미로 본다면 이는 잘못된 자형이다.

❶

081 수레 차/거

車

chē

바퀴가 달린 가마를 수레라고 한다. 갑골문에서 거(車)자❶는 수레를 그렸는데, 복잡한 형태도 있고 간단한 형태도 있다.

가장 세밀한 자형에서는 바퀴 두 개, 차상 하나, 끌채 하나, 가름대 하나, 가름대에 얹힌 멍에 두 개, 고삐에 연결된 두 가닥의 줄 등이 표현되어 고급 수레의 이미지를 그렸다. 이렇게 복잡한 글자는 쓰기가 너무 어려워서 점차 덜 중요한 부분은 생략되었다. 바퀴는 수레의 가장 기본적인 부분이기 때문에 생략할 수 없었으므로 한 개만 남기고 나머지를 생략한 모양(車)으로 썼다.

❶

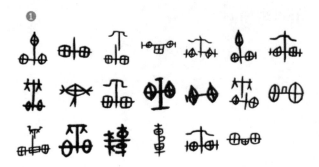

금문❷에도 마찬가지로 다양한 자형이 보인다. 『설문해자』에서는 거(車)에 대해 이렇게 풀이했다.

> "거(車)는 바퀴 달린 탈 것의 총칭이다. 하나라 때의 해중(奚仲)이 발명했다. 상형이다. 거(車)로 구성된 글자들은 모두 거(車)가 의미부이다. 거(䡅)는 거(車)의 주문체이다."(車, 輿輪之總名也. 夏后時奚仲所造. 象形. 凡車之屬皆从車. 䡅, 籒文車.)

대단히 정확한 해석이다.

수레를 제작하려면 매우 복잡한 과정이 필요한데, 가장 중요한 요구사항으로 다음의 것들이 있다. 강하게 만들어 중간에 손상되지 않아야 한다. 가볍고 정교하여 무거운 짐을 많이 실을 수 있어야 한다. 그리고 빠르게 움직일 수 있도록 하여 목적지에 일찍 도착할 수 있어야 한다. 균형이 잘 유지되어 빠르게 이동해도 전복되지 않아야 한다. 또한 편안하여 오랜 시간을 타도 피곤함을 느끼지 않아야 한다. 환경에도 적합하게 만들어 다양한 지형에서도 방해받지 않고 나아갈 수 있어야 한다.

❷

이처럼 수레를 만드는 데는 고도의 기술이 필요하다. 그래서 춘추시대 말기에 쓴 『고공기』에 의하면, 목재로 기물을 만드는 7가지 장인 중 수레를 만드는 부분에서 바퀴 제작, 가마 제작, 수레 제작 등 3가지 장인이 분류되어 있다. 이 책은 수레 제작에 필요한 사항을 매우 자세히 기록하였으며, 그렇게 되어야 하는 이유도 잘 설명해 놓았다. 아마도 책의 저자가 운동과 역학의 관계에 매우 정통했던 것으로 보인다.

예를 들어, 바퀴의 둘레 및 차축의 구멍은 반드시 완벽한 원이어야 하고, 차축의 양 끝과 비녀장의 머리[轄頭]가 차축에 연결되는 부위는 점차 짧아져야 하며, 차축과 휠 중앙 사이의 접합부위는 마찰을 줄이기 위해 기름칠을 해야만 하며, 바퀴살의 아래쪽 부분은 진흙과 물을 피하기 위해 일정한 각도로 절단해야 한다고 했다. 또 말의 당기는 힘을 최대한 활용하려면 가름대와 좌석의 끌채를 구부린 형태로 해야만 한다고 했다. 이런 갖가지 디테일한 언급은 그 당시에 이미 구조가 매우 복잡한 수레를 제작할 수 있었음을 보여준다.

중국에서 수레가 언제부터 사용되었는지는 아직 확실하지 않다. 다만 상나라의 것이 이미 발견되었고, 그 구조가 매우 완전하기 때문에 상나라 때 수레가 처음 만들어진 건 아니라는 사실이다. 고고학적 증거에 따르면, 동양에서 수레는 약 5천 년 전에 이미 존재했었다. 많은 학자들은 중국의 마차가 단순함에서 정교함으로 발전하는 과정이 보이지 않고, 말을 길들인 것도 상대적으로 늦었기 때문에, 수레를 만드는 기술이 서양에서 전해졌다고 생각했다. 이 주장이 다 옳다고 할 수 없는 게, 고대 서양의 마차는 빠른 이동을 목표로 했기 때문에, 프레임이 매우 낮고 운전도 서서 하게 설계되었다. 그러나 중국의 수레는 귀족이 탈 수 있도록 높은 플랫폼을 사용했다. 게다가 프레임이 높아, 다른 사람들이 쉽게 볼 수 있도록 하였고, 수레를 모는 사람은 무릎을 꿇고 운전하였다. 또 구리로 만든 장식물이 많이 달려 있어 속도를 내는데도 불리하게 되어 있다. 이렇듯 중국과 서양의 마차는 그 특색이 각기 달라, 서양의 기술이 중국에 전해졌다기 보다 각각 발달해 온 것으로 보아야 할 것이다.

수레에서 가장 중요한 열쇠는 바퀴가 굴러가는 것의 용용에 있다. 『회남자·설산(說山)』에서는 "날아다니는 비봉(飛蓬: 개망초속의 식물)을 보고 마차를 만들 생각을 하게 되었다.(見飛蓬轉而知為車)"라고 했다. 수레를 만드는 영감을 자주 보는 비봉(飛蓬)이나 낙엽이 회전하면서 떨어지는 모습에서 가져왔다. 문제는 사람들이 이러한 상황을 수백만 년 동안이나 보아 왔다는 사실이다. 그래서 마차의 바퀴에 대한 영감은 비슷한 시대의 경험에서 받았다고 하는 것이 더 옳지 싶다.

방직용 추나 물레는 돌이나 도자기로 만들었으며, 납작한 원형으로 중간에 구멍이 나 있다. 사용할 때는 가는 대나무 막대를 둥근 구멍에다 넣고 방추(紡錘)에다 결합시킨다. 가는 대마 실 몇 개를 꼬아 한 가닥으로 만든 후 방추에다 감아 한 손으로는 방추를 당기고 다른 한 손으로는 비단실을 잣는다. 방추를 당겨서 돌려 대마 실을 늘어지게 하여 베를 짤 수 있는 실로 엮는다. 물레의 모양은 수레의 바퀴 축과 매우 비슷하다.

6천 년 전의 앙소 문화 유적지에서는 이미 도기로 만든 방추(방직용 회전 바퀴) 및 회전판이 존재했었다. 그런데다 도기에도 회전판이 천천히 회전하면서 생긴 흔적이 발견되었다. 4천여 년 전의 용산 문화 유적지에서도 빨리 돌아가는 회전판을 사용해서 도기를 제작하는 것이 일반적이었다. 이렇게 해서 바퀴에 대해 상당한 경험이 축적되어 있었다.

『고사고(古史考)』에서는 수레의 발명을 4천7백 년 전의 황제(黃帝)에게로 그 공을 돌렸기 때문에, 황제는 달리 헌원씨(軒轅氏)라고도 불리게 되었다. 누가 수레를 발명했든지 간에, 4천여 년 전에 발명되었다는 것은 대체로 믿을 수 있는 사실이다. 수레가 앞으로 나아가는 동력의 경우, 처음에는 사람이 직접 끌었고, 이후에 소나 말이 끄는 것으로 진화했다. 마차는 상나라의 무덤에서 여러 번 발견되었는데, 그 구조가 상당히 발전된 모습이었다. 그래서 하나라의 우(禹)임금이 소를 대신해서 말로 수레를 끌게 했다는 4천 년 전의 전설은 사실에 가깝다 하겠다. 이는 말이 소보다 늦게 길들여졌다는 사실과도 부합한다. 말을 길들인 최초의 목적은 고기의 공급이 아니라 수레를 끄는 데 있었을 것이다.

　4천여 년 전이라면, 전쟁의 규모가 커지고 국가가 수립되는 시기와 가까운 시대였다. 마차의 활용과 발전도 그에 부합하는 시대적 원인이 있기 마련인데, 그 주된 목적은 화물 수송이 아니라 군사적 수요에 있었을 것이다. 초기의 마차는 매우 작아서 물건을 얼마 싣지 못했다. 도로 사정도 좋지 않아 빨리 달리기에는 적합하지 않았다. 게다가 이 시기의 마차는 무게 중심도 높이 있어 전복되기 쉬웠다. 그런데도 군왕들이 이러한 위험을 감수하고 마차를 탄 것은 고도의 기동성을 갖춘 높은 플랫폼을 확보하여, 대규모의 전쟁에서 지휘를 쉽게 할 수 있고 또한 병사들도 왕의 지시를 바로 알아볼 수 있도록 한 것으로 보인다.

마차는 그 제작비용이 비쌌기 때문에, 일반인들이 소유할 수 있는 것이 아니었다. 더구나 말은 쉽게 통제하기 어려워, 좋은 품종을 선택해야 하고, 여기에다 전문조련사가 오랫동안 훈련을 시켜야만 훌륭한 말이 될 수 있다. 그래서 고급 귀족만이 마차를 소유할 수 있었다. 말과 마차는 그것이 군사용이든 사냥용이든 관계없이 항상 권력의 표지였다. 마차의 목적이 빨리 가는 것에 있었다면, 프레임의 무게를 최대한 줄여 차체를 가볍게 했을 것이다. 그러나 귀족들은 자신을 과시할 목적이었기 때문에, 빨리 달릴 수 있는 요소를 방해하는 불필요한 장식들을 대거 추가하였다. 안양의 상나라 마차 무덤을 예로 들어 보자. 여기서 발견된 마차에는 약 170벌이 넘는 다양한 청동 장식이 달려 있었고, 총 무게는 13킬로그램이 넘었다. 이렇게 복잡한 장식을 한 마차는 실용성보다 화려함이 더 두드러진다. 상나라 때는 2마리의 말이 마차를 끌었지만, 서주시대가 되면서 속도를 높이기 위해 4마리로 늘렸다. 춘추시대 말기가 되면, 마차의 무게를 줄이기 위해 수레바퀴를 튼튼하게 하는 구리로 만든 줏대(輨)까지 제거하고, 옻칠이나 가죽으로 만든 줄을 대신 사용했다.

울퉁불퉁한 길에서 빠른 속도로 달리는 마차를 타는 것은 위험한 일이다. 상나라의 무정(武丁) 임금 때의 갑골복사에는 상나라 무정 임금이 들에 사냥을 나갔다가 마차가 전복된 사고에 대해 두 차례 언급하였다. 『좌전』의 노(魯)나라 양공(襄公) 31년 조에서는 정(鄭)나라의 자산(子産)이 마차를 운전하는 방법으로 정치를 비유한 대목이 나온다.

> "만약 이전에 마차를 타보지 않았다면, 활을 쏘아 보지 않았다면, 마차를 몰아보지 않았다면, 항상 마차가 뒤집어질까 걱정할 것입니다. 그러니 사냥감 잡을 생각을 할 시간이 어디에 있겠습니까?"(若未嘗登車射御, 則破績厭覆是懼, 何暇息獲.)

달리는 마차에서 전쟁을 벌이며 활을 쏘려고 한다면 상당한 훈련이 필수요소라는 말이다. 그래서 천천히 움직이는 소가 끄는 수레는 노약자나 여성들이 즐겨 사용했다. 이후 귀족들은 점차 군사 훈련에 소홀하였고, 거기에다 말의 보급도 어려워졌다. 그리하여 한나라 말기 이후에는 소가 끄는 수레가 점차 마차를 대체하게 되었고, 귀족을 포함한 모든 사람들의 교통수단이 되었다.

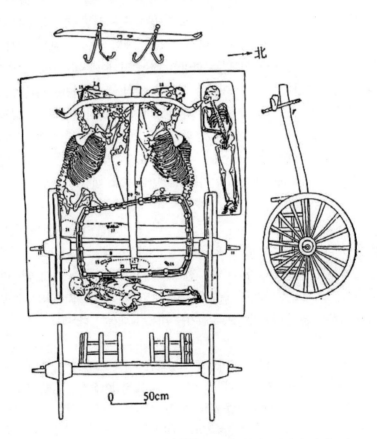

┃ 상나라 때의 마차 무덤[車馬坑]에서 복원된 두 마리 말이 끄는 마차.

082 손수레 련

niǎn

바퀴 달린 수레를 처음에는 사람이 끌었다. 이후에 소나 말이 끌게 되었을 때에도 사람이 끌도록 한 것은 수레를 타는 사람의 신분을 강조하기 위한 것이었다.

금문에서 련(輦)자❶는 모두 족휘(族徽: 부족을 상징하는 표지)로 사용된 것들인데, 두 사람이 두 손을 들고 바퀴 달린 수레를 끄는 모습이다.

『설문해자』에서는 련(輦)에 대해 이렇게 풀이했다.

"련(輦)은 죽은 사람의 관을 끄는 수레를 말한다. 거(車)와 반(扶)으로 구성되었다. 반(扶)은 수레를 앞에서 끌다는 뜻이다."(輦, 輓車也. 从車·扶. 扶在車前引之也)

이 글자는 원래 사람의 힘으로 움직이는 바퀴달린 수레를 말했는데, 이후 사람의 힘으로 들어 옮기는 가마까지 지칭하게 되었다. 이러한 수레나 가마라면 많은 사람들이 함께 끌거나 들어야 했기 때문에 그 소리가 장관이었을 것이다. 그렇기에 군왕들이 타는 일반 차량이 되었고, 승련(乘輦: 수레를 타다)이라는 단어도 왕을 지칭하게 되었다.

❶

083 **군사 군**

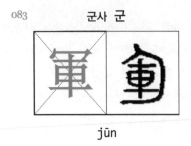

jūn

금문에서 군(軍)자❶는 순(旬)자의 중간 공간 부분에 거(車)자가 들어간 구조로 되어 있어, 이 글자의 창제의미를 이해하기가 쉽지 않다. 거(車)가 의미부이고 순(旬)이 소리부인 구조로 분석하는 것이 가장 간단한 방법이다.

갑골문에서 순(旬)자❷는 10일이라는 시간의 길이를 뜻하고, 한 마리의 벌레를 닮은 모습이다. 갑골문의 자형에서는 순(旬)자가 그릇[皿] 속에 들어있는 형상이 있다. 그것이 어떤 벌레를 말하는 것인지는 알 수 없지만 뱃속에 있는 태아를 그린 사(巳)자와는 달라 보인다. 이후 일(日)자를 더해 순(旬)이 시간과 관련된 글자임을 강조했다.

『설문해자』에서는 순(旬)에 대해 이렇게 풀이했다.

"순(旬)은 편(徧)과 같아 한 바퀴 돈다는 뜻이다. 10일을 순(旬)이라
한다. 포(勹)와 일(日)로 구성되었다. 순(㫃)은 순(旬)의 고문체이다."
(㫃, 徧也. 十日為旬. 从勹日. 㫃, 古文.)

군(軍)자는 순(旬)자와 운부가 다르기 때문에, 순(旬)이 소리부인 형
성구조로 볼 수 없다.

『설문해자』에서는 군(軍)에 대해 이렇게 풀이했다.

"군(軍)은 둥그렇게 에워싸다는 뜻이다. 4천 명의 군인을 군(軍)이라
한다. 포(包)의 생략된 모습으로 구성되었고, 또 거(車)로 구성되었
다. 거(車)는 전쟁용 전차를 말한다."(軍, 圜圍也. 四千人為軍. 从包省·
从車. 車, 兵車也.)

군대에서는 보통 두 가지 유형의 수레를 갖추고 있다. 군대가 출동
할 때 지휘관이 타던 수레는 마차이다. 소가 끄는 수레는 전쟁에 필요
한 물품들을 수송하는데 사용되었다. 마차든 소가 끄는 수레든, 둘 다
전투 장비가 매우 취약하므로 무장한 군인들의 보호가 필요하다. 군(軍)
자의 창제의미는 수레 주변을 무장병력으로 에워싸 보호하는 모습을 그
렸을 것이다. 남북조 시기의 무덤에서 발굴되는 도용(陶俑)을 보면, 사람
이 타지 않은 우마차의 주위를 수많은 기마병이나 보병들이 둘러싸고
보호를 하는 모습을 종종 볼 수 있는데, 바로 이런 모습이 금문의 군
(軍)자에서 반영한 글자의 창제의미일 것이다.

084 **잇닿을 련**

lián

소전의 련(連)자를 『설문해자』에서는 이렇게 풀이했다.

"련(連)은 짐을 싣는 수레를 말한다. 착(辵)과 거(車)로 구성되었다. 회의이다."(𨏵, 負車也. 从辵車 會意.)

자형을 보면 길을 뜻하는 착(辵)과 수레를 뜻하는 거(車)로 구성되었는데, 짐을 싣는 운송용 수레를 말한다. 그렇다면 이 글자의 창제의미는 어디에서 왔을까?

고대의 도로는 치안적인 측면에서 그다지 안전하지 못해, 무리를 지어 강도질을 하는 사람들이 있었다. 『주역·규(睽)』에 다음과 같은 구절이 있다.

"수레를 타고 있는 귀방 사람들을 보고서는 강도라고 생각했기 때문에 먼저 방어를 위해 화살을 시위에 얹었다. 그러나 나중에 결혼을 제안하러 온 것을 알고 활을 내려놓고 발사하지 않았다."(載鬼一車, 先張之弧, 後說之弧.)

이는 길에서 도적의 공격을 받을 가능성이 있다는 뜻이다. 물건을 가득 실은 수레라면 무장 병력의 보호가 필요했을 것이다. 하지만 수레가 한 대인데, 여러 명의 경비 인력이 동원된다는 것은 비용 면에서 비효율적이다. 그래서 여러 대의 수레를 한데 모아 다수의 무장 경비 인력을 공동으로 고용하는 것이 경제적이었기 때문에, 많은 수의 수레가 서로 '연결되어' 길을 가는 모습을 연출하게 되었고, 이로부터 '연속하다', '연결되다'는 의미가 나왔다.

고고학적 발견에 의하면, 기원전 323년에 초(楚)나라에서 악(鄂)의 군주인 계(啓)에게 발급한 구리로 만든 부절의 경우, 3점은 육로 통과의 증빙서로 사용되던 부절인데, 각각에 관련 내용이 명확하게 기재되어 있었다. 한 번에 50대의 우마차까지 통과할 수 있으며, 오늘날의 호북성, 호남성, 안휘성, 하남성 등지에서 이동하면서 무역에 종사한다는 내용이다. 이를 통해, 그 당시 도로에서 50대나 되는 수레가 연이어져 나아가는 모습을 상상할 수 있다. '연결'은 추상적인 의미이기 때문에 그것을 그림으로 표현해내기가 매우 어렵다. 그래서 길게 연이어진 수레 행렬을 빌려 이러한 추상적인 의미를 표현한 것이다.

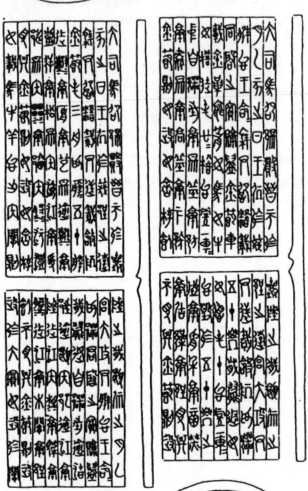

0 1 2 3cm

기원전 323년에 초(楚)나라에서 악(鄂)의 군주인 계(啓)에게
발급한 육로 무역을 위한 구리로 만든 통행용 부절.

085

도둑 구

kòu

상나라의 도로는 치안이 불안하여, 상인들은 무장한 경비 인력의 보호를 받기 위해 짐을 실은 수많은 우마차를 모아야 했다. 그런 데다 그들이 살던 집조차도 안전하지 않았다는 것을 한자의 자형을 통해 추론할 수 있다.

갑골문에서 구(寇)자❶는 강도가 몽둥이를 들고 집을 부수는 모습을 그렸다. 개수는 일정치 않지만 작은 점들은 부서진 파편들을 나타낸다. 금문❷에 들어서는 자형이 약간 변경되었다. 파손된 물건이 사람[元]으로 바뀌어, 집에서 몽둥이를 들고 사람을 때리는 모습이 되었다.

❶

❷

『설문해자』에서는 구(寇)에 대해 이렇게 풀이했다.

"구(寇)는 폭력을 행사하다는 뜻이다. 복(攴)과 완(完)으로 구성되었다."
(寇, 暴也. 从攴完)

허신의 분석은 별로 정확하지 않다. 구(寇)자는 집[宀]에서 사람[兀]을 몽둥이로 치는[攴] 모습이라고 풀이해야 할 것이다. 원(元)은 사람을 뜻한다.

갑골복사에 의하면 100명의 도둑들에게 정강이를 잘라내는 형벌을 집행할 것인지를 점쳐 묻는 내용이 나온다. 정강이를 잘라내는 형벌은 상나라에서 사형과 궁형(宮刑: 성기를 잘라내는 형벌) 다음으로 강한 형벌이었다. 한꺼번에 100명이나 되었다고 하니 도둑들이 얼마나 많았던 것인지 상상이 갈 것이다. 안(安)자의 설명에서처럼 여성이 집에 있어야만 안전하다고 했던 것도 당연한 일로 보인다(『유래를 품은 한자』 제2권 '전쟁과 형벌편' 127쪽 참고, 갑골문에서 안(安, 𩠴)자는 집안에 있는 여성의 모습이다.). 구(寇)자를 보면 치안이 열악할 경우 집안에 있다 해도 항상 안전이 보장되는 것은 아니라는 것을 깨달을 수 있다.

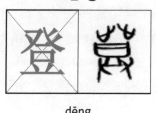

086 오를 등

dēng

갑골문에서 등(登)자❶는 두 손으로 키가 낮은 발판에 의지하여 두 발을 내디디는 모습을 그렸다. 이는 고대사회에서 수레를 타는 동작으로, 이를 빌려와 '높은 곳으로 오르다'는 의미를 표현했다.

최초의 자형은 두 발을 대칭되는 방향으로 그렸는데(🦌)[두 발의 엄지발가락이 안쪽에 놓임-역주], 어떤 사람들은 원래 의미를 잘 이해하지 못하여 두 발을 반대되는 방향으로 그렸다(🦌)[두 발의 엄지발가락이 바깥쪽에 놓임-역주]. 그런데 이 모습은 인체의 구조와 맞지 않다. 처음에 있던 두 손이 생략된 것은 이후의 단순화 과정에서 일어난 변화일 것이다.

❶

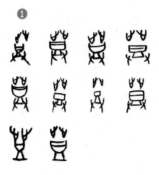

금문❷에서는 자형이 많이 바뀌었다. 수레에 올라타는 두 발이 생략된 자형(圖)이 있는데, 두 발은 수레에 올라타는 모습을 나타내는 필수 요소이기에, 이 자형은 이후 사용되지 않았다. 또 사다리가 더해진 자형(圖)이 있는데, 수레를 탈 때 사다리를 사용하여 오르내렸음을 나타낸 것이다. 그러나 사다리를 사용하여 수레를 타는 일은 상대적으로 드물었기 때문에, 이 역시 이후에 사용되지 않았다.

『설문해자』에서는 등(登)에 대해 이렇게 풀이했다.

"등(登)은 수레에 타다는 뜻이다. 발(址=癶)과 두(豆)로 구성되었다. 수레에 올라타는 모습을 그렸다. 등(圖)은 등(登)의 주문체인데, 공(廾)으로 구성되었다."(豐, 上車也. 从址·豆. 象登車形. 圖, 籒文登, 从廾.)

상술한 허신의 해석은 정확하다 하겠다. 그런데다 주문체를 남겨 둠으로써 갑골문의 자형을 찾아가는데도 도움을 주었다.

❷

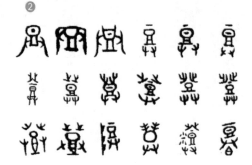

상나라 때의 마차는 높이가 상당했다. 고고학적 발견에 따르면 수레나 가마는 지면에서 70~85센티미터 정도의 높이라서, 두 발을 벌려 바로 올라타기가 어려웠을 것이다. 특히 우아함을 자랑하는 귀족들에게는 수레를 타기 위해 밟고 올라설 무언가가 필요했다. 그래서 등(登)자는 다른 사람이 탈 수 있도록 두 손으로 의자를 누르거나 사다리를 사용하여 수레에 올라타는 모습을 그렸다. 등(登)자는 원래 수레에 올라타는 동작을 말했으나, 나중에는 위로 올라가는 모든 동작과 상황을 나타내는 것으로 그 의미가 확장되었다.

안양의 상나라 귀족의 무덤에서 수레를 타도록 특별히 고안된 낮은 석재 디딤돌이 발굴되었다. 이는 윗면이 조각 문양으로 가득 덮인 평평한 돌로, 서로 마주보는 한 쌍의 호랑이가 문양으로 새겨져 있다. 받침돌 아래에 나 있는 구멍은 두 사람이 밧줄을 넣어 잡아당겨서 수레에 타기 쉽도록 고안된 것이다(다음 쪽 사진).

『시경·백화(白華)』에서는 "나지막하게 닳은 돌은, 밟아서 낮아진 것이지요. 우리 님은 멀리 가셔서, 나를 병나게 하셨지요(有扁斯石, 履之卑兮, 之子之遠, 俾我底兮.)"라고 노래했다. 이는 이렇게 평평 납작한 돌을 밟고 수레를 타는 장면을 묘사한 것이다. 신분이 높은 사람일수록 더욱 우아하게 행동해야 하므로, 수레를 탈 때 쓰는 디딤돌도 매우 정교하게 만들어진 것이어야만 했다. 그래서 『회남자·제속(齊俗)』에는 이런 기록이 있다.

> "무왕이 병들어 죽자 은나라 유민들이 기회를 틈타 반란을 일으켰다. 주공은 섭정으로 성왕을 천자의 자리에 앉혀 보좌했다. 세자가 있는 동궁으로 가면서 수레를 탈 때 딛던 디딤돌은 천자의 권세를 대신하였고, 병풍을 등지고 천자의 왕좌에 앉아 뭇 신하들의 알현을 받았다."(武王既沒, 殷民叛之, 周公踐東宮, 履乘石, 攝天子之位, 負扆而朝諸侯.)

이런 배경에서 승석(乘石)이라는 단어가 최고 통치자를 지칭하게 되었다.

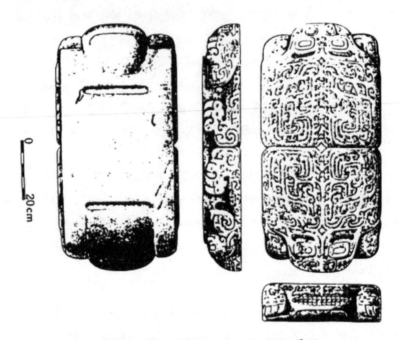

┃상나라 때 수레를 탈 때 쓰던 디딤돌(乘石).

087 거느릴 어

yù

갑골문에 의미가 서로 다른 두 개의 글자가 존재하는데, 자형이 비슷해 생긴 결과로 보인다. 이후 이 두 개의 글자는 하나로 합쳐져 어(御)자가 되는데, '제어하다'는 뜻과 '부리다'는 상반되는 두 가지 뜻을 동시에 갖고 있다.

갑골문에서 어(御)자의 경우, 하나는 ❶과 같이 썼는데, 무릎을 꿇은 사람(卩)이 밧줄이나 곡식을 찧는데 쓰는 절굿공이(𣥐)를 마주보는 장면이다. 갑골복사에서 이것은 재앙을 떨쳐버리기 위해 지내는 제사를 뜻한다. 주술사가 밧줄이나 나무 절굿공이를 잡고 재앙을 물리치는 법술을 행하는 모습(𢀰)일 수도 있다. 이후에 이런 의식이 도로에서도 행해졌기에 길을 상징하는 부호인 척(彳)을 더한 자형(𣥐)이 생겼고, 또 주문을 외울 때 쓰던 도구가 축약된 자형(𣥐)도 있다. 이는 다른 글자인 ❷와 뒤섞이게 되었고 그 결과 '말을 부리다'는 뜻을 가진 𣥐자의 의미를 함께 담게 되었다.

❶　　　　　❷

갑골문에서 '말을 부리다'는 뜻을 가진 또 다른 자형(🐎)은 창제의미를 추정하기가 어렵지만, 무릎을 꿇는 자세와 관련이 있음은 분명하다. 이 자형(🐎)이 사용된 의미는 명확하게 수레의 사용과 관련이 있어, 무릎을 꿇고 앉아 수레를 몰던 자세와 관련이 있음을 나타내었다. 그래서 갑골복사에서 이 글자는 수레를 동원하여 얼마나 많은 짐승을 잡았는지 적혀 있는 기록에 자주 보인다.

고대 중국의 마차에서 가름대와 사람이 타는 좌석을 연결하는 끌채[輈]는 상대적으로 곧은 모습이고, 바퀴 반경보다 더 높은 말의 목에다 설치하였으므로 마차의 무게 중심이 높고 불안정하였다. 그래서 수레를 몰 때에는 가능한 중심을 낮게 하여야만 전복될 가능성을 낮출 수 있었다. 이때 이상적인 운전 방법은 무릎을 꿇는 자세를 취하는 것이었다. 상나라의 좌석 바닥은 가죽 끈을 짜서 만들어, 탄력은 있지만 안정적으로 서 있는 데는 도움이 되지 않았다. 그렇지만 흔들림으로 인해 무릎을 아프게 하는 단점은 완화할 수 있었다. 상나라 때의 수레에 설치된 좌석의 난간은 매우 낮게 설계되었는데, 일반적으로 높이가 40센티미터에 불과하거나 낮으면 22센티미터에 지나지 않기도 하였다. 이는 마차를 모는 자가 서 있는 자세에서 안정시키기 위한 지지대로 사용할 수 없었음을 보여 준다.

서주시기에 수레의 좌석은 이미 무릎을 굽히고 앉을 수 있도록 설계되어 있었다. 『예기·곡례(曲禮)』에 의하면, 먼저 무릎을 꿇고 장례용 수레[容車]가 다섯 걸음을 움직인 이후에, 일어서서 경례를 하는 예절에 대해 기록하고 있다. 마차를 운전하는 사람은 꿇어 앉아 있고, 전투를 하는 병사나 지휘자는 수레에서 떨어지지 않도록 필요할 때만 일어섰다.

금문❸에서의 어(御)자도 두 가지 자형이 존재한다. 앞의 자형은 상나라 때의 자형과 동일한 체계에 속하고, 뒤의 자형은 새로 만들어진 것으로 손에 채찍을 들고 말을 조종하는 모습이다.

『설문해자』에서는 관련 글자들을 이렇게 풀이했다.

> "사(卸)는 수레를 부리고 말의 재갈을 풀다는 뜻이다. 절(卩)과 지(止)가 모두 의미부이며 오(午)가 소리부이다. 여남 지역 사람들이 사서(寫書: 글을 쓰다)라고 할 때의 사(寫)와 같이 읽는다."(卸, 舍車解馬也. 从卩止, 午聲. 讀若汝南人寫書之寫.)

> "어(御)는 말을 부리다는 뜻이다. 척(彳)과 사(卸)로 구성되었다. 어(馭)는 어(御)의 고문체인데, 우(又)와 마(馬)로 구성되었다."(御, 使馬也. 从彳·卸. 馭, 古文御从又·馬.)

이는 갑골문에서 마차를 몰다는 뜻으로 쓰인 어(御)자를 계승한 것이 분명하다.

❸

또 이렇게 설명했다.

"어(禦)는 제사를 지낸다는 뜻이다. 시(示)가 의미부이고 어(御)가 소
리부이다."(禦, 祀也. 从示, 御聲.)

이는 갑골문에서 재앙을 없애기 위해 지내는 제사를 뜻하는 어(御)
자를 계승하였고, 시(示)를 더하여 그것이 제사와 관련된 것임을 분명하
게 했다.

마차는 속도가 빨라 군사적인 용도로는 매우 유용하지만, 여성이나
어린이나 노약자 등 경험이 없는 사람들에게는 편하고 안전한 교통수단
이 아니었다. 『진서(晉書)·여복지(輿服志)』에서는 동한 말기에 이르면 우
마차가 천자에서 서민에 이르기까지 모든 사람의 일상적인 교통수단이
되었다고 했다. 남북조 시기의 무덤에서 발굴된 도용을 보면 여러 무장 기
사의 보호를 받는 주인이 우차마를 탄 모습을 하고 있다.

▌갈색 유약을 바른 붉은 토기 우마차.
높이 39센티미터, 길이 45.8센티미터, 북조시기부터 수나라까지, 약 6세기
중기~7세기 초기.

제9부

도로의 건설과
여행

인구가 밀집된 곳의 길은 사람들이 늘 밟고 다니기 때문에 풀들이 있다
가도 점차 시들고 말라 결국 잡초가 없는 길이 된다. 수레의 시대에 접어들
자, 수레가 다니는 길은 군사적 용도를 고려하여 속도를 신경 써야 했으며
더더욱 특정 사양을 갖추어야만 했다. 이러한 사실은 한자에도 반영되어 있
다.

088	법 률

律　　米

lǜ

089	세울 건

建　　觱

jiàn

갑골문에서 율(律, 米)자는 척(彳)과 율(聿)로 구성되었다. 그러나 『설문해자』에서는 율(律)에 대해 이렇게 풀이했다.

"율(律)은 고르게 배포하다는 뜻이다. 척(彳)이 의미부이고 율(聿)이 소리부이다."(繘, 均布也. 从彳, 聿聲.)

상술한 바와 같이, 허신은 율(律)을 형성구조로 해석했다.

그러나 고르게 배포하다는 의미는 길(彳)과 아무런 관계가 없기 때문에 형성구조의 규칙에 부합하지 않는다. 그래서 다른 창제의미가 있다고 보아야만 할 것이다. 율(聿)자는 한 손으로 붓을 쥔 모습이다. 이것이 어떻게 길과 관련을 가질 것인가? 갑골문에서 건(建, 觱)자는 율(律)자에 비해 지(止: 발자국)가 하나 더 더해진 모습인데, 의미는 같다. 그렇다면 이들 사이에는 유사한 부분이 있어야 한다. 금문에서 건(建)자❶의 경우, 길에 발을 더한 부분이 일부 변화를 일으키긴 했지만, 소전에서 다시 길을 회복시켜 놓았다.

❶

逮　逮　圕　逮

『설문해자』에서는 건(建)에 대해 이렇게 풀이했다.

"건(建)은 조정의 법률을 세우다는 뜻이다. 율(聿)로 구성되었고, 또 인(廴)으로 구성되었다."(𢖬, 立朝律也. 从聿.从廴.)

허신은 건(建)자의 창제의미를 제대로 설명해 내지 못했다. 건(建)자의 의미는 '조정의 법률을 세우다'는 것이었지만 이후 '세우다'는 일반적인 의미로 자주 쓰이게 되었다.

법률 제정이 도로 건설과 무슨 관계가 있을까?

도로는 도시와 마을을 연결하는 역할을 해야 한다. 그러나 높고 험준한 산과 물길을 만나면 우회해야 하기 때문에 신중한 계획이 필요하다. 붓과 먹을 사용하여 도시 간의 소통 경로를 그리려면 먼저 세밀하게 설계를 완성한 다음에 주의해서 건설해야 한다. 도로 건설에는 특정한 규격과 요구 사항이 있다. 예를 들어 노면이 단단하고 배수도 가능해야 한다. 그래서 규율과 규칙이라는 뜻이 나오게 되었다. 건(建)자에 발이 하나 더 들어간 것은 걷기 위한 도로의 청사진이 그려졌다는 것을 의미한다. 특히 마차가 다닐 도로라면 더욱 신중하게 계획하고 건설해야 한다. 물론 일반인을 위한 작은 도로라면 정부가 그렇게 신중하게까지 계획할 필요는 없었을 것이다.

090

곧을 직

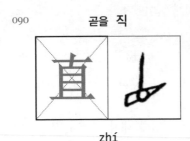

zhí

덕(德)자는 도로를 건설할 수 있는 능력을 표현했다. 하지만 먼저 직(直)자의 창제의미를 이해할 필요가 있다.

갑골문에서 직(直)자❶는 눈 위에 직선이 더해진 모습인데, 이는 목수가 항상 하는 행동을 표현한 것이다. 즉 나무 조각이 직선인지 아닌지를 확인해야 할 때, 목수는 한 손으로 나무를 앞으로 들어 올려 한쪽 눈으로 나무가 똑바르고 삐뚤어지지 않았는지를 확인하곤 했다. 그래서 이러한 습관을 빌려와 '곧다'는 추상적인 의미를 만들어 냈다.

금문에서 직(直)의 자형은 눈 위의 직선에 점이 하나 더 더해진 모습(圖)이다. 이는 자형이 변화하는 일반적인 법칙의 하나로 볼 수 있다. 눈앞에 곡선이 추가되었는데, 그 목적이 뭔지는 알 수가 없다.

❶

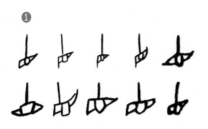

『설문해자』에서는 직(直)에 대해 이렇게 풀이했다.

"직(直)은 똑바로 보다는 뜻이다. 십(十)과 목(目)과 불(乀)로 구성되었다. 직(㥀)은 직(直)의 고문체인데, 간혹 이렇게 목(木)으로 구성되기도 했다."(直, 正見也. 从十·目·乀. 㥀, 古文直或从木如此)

『설문해자』에서 수록한 고문체는 목(目)자 아래에 목(木)이 하나 더 들어갔는데, 이는 직(直)의 창제의미가 나무와 관련 있음을 말해 준다.

091

덕 덕

dé

갑골문에서 덕(德)자❶는 길[彳] 또는 行과 직(直)자로 구성되었다. 덕(德)자는 재덕(才德) 즉 재능과 미덕을 뜻하는데, 추상적인 의미이기도 하다.

척(彳)과 직(直)을 종합적으로 추론해 볼 때, 마차가 빠르게 다닐 수 있는 쭉 뻗은 직선의 길을 만들 수 있는 것은 칭찬할만한 재능의 일종임을 말해 준다고 볼 수 있다. ❷는 금문에 자주 보이는 자형인데, 그 변화를 보면 심(心)이나 인(人)이나 언(言) 등이 추가되었다.

❶

❷

덕(德)자는 원래 일을 처리하는 능력을 나타내었는데, 이후에 마음의 지혜와 덕행을 행하는 사람이라는 뜻으로 의미가 확대되는 바람에 심(心), 인(人), 언(言) 등이 추가되었던 것이다.

『설문해자』에서는 덕(德)과 덕(悳)에 대해 이렇게 풀이했다.

> "덕(德)은 올라가다는 듯이다. 척(彳)이 의미부이고 덕(悳)이 소리부이다."(德, 升也. 从彳, 悳聲.)

> "덕(悳)은 밖으로는 다른 사람에게서 얻고, 안으로는 자기 자신에게서 얻는다는 뜻이다. 직(直)으로 구성되었고, 또 심(心)으로 구성되었다. 덕(㥁)은 덕(悳)의 고문체이다."(悳, 外得於人, 內得於己也. 从直从心. 㥁古文.)

갑골문과 금문의 자형을 비교해 보면, 이러한 분석은 분명히 잘못되었다. 심(心), 척(彳), 직(直)으로 구성되었다고 보아야 할 것이다. 『시경·소아·대동(大東)』에서 "큰 길은 숫돌같이 평평하고, 그 곧기는 화살 같네.(周道如砥, 其直如矢.)"라고 노래했는데, 덕(德)자의 창제의미에 대한 최고의 설명이라 할 수 있다. 도로는 직선으로 똑바르고 단단하게 잘 만들어야만 수레가 뒤집히지 않고 달릴 수 있다.

092 얼을 득

dé

고대 사회에서는 대부분의 사람들이 농업에 종사했다. 여성은 집에서 일하고 남성은 밭에서 일을 했기에, 그들은 집을 멀리 떠나 마차가 다니는 큰 길을 걸을 일이 거의 없었다.

큰 길을 걷는 사람들은 대부분 멀리서 지키는 군인들이거나 도시와 마을 사이를 오가며 일상용품을 팔던 상인들이었다. 상인들은 가끔 팔 상품을 길에서 잃어버리기도 했다.

갑골문에서 득(得)자❶의 경우, 하나는 길에서 한 손으로 조개(화폐)를 집는 모습인데, 이로부터 어떤 것을 얻었다는 의미를 표현했다. 중국에서 발견되는 바다조개(貝)는 대부분 인도양과 남중국해 섬 근처의 따뜻한 바다에서 생산되었다. 바다조개의 껍질은 단단하고 섬세하며 아름다운 색상과 광택까지 있어 매우 사랑을 받았다. 또한 가볍고 작으며, 길이가 일반적으로 약 2센티미터 정도여서, 보관과 휴대하기가 쉽고 계산 단위로 사용하기에도 용이했다.

❶

특히 단단해서 잘 깨지지 않아 여러 개를 꿰어 아름다운 장식으로도 사용할 수도 있었기에 많은 사람들의 사랑을 받았다. 그래서 연해 지역에서 내륙으로 물건을 교환하는 중요한 상품이 되었다. 중국의 북부 지역에서는 쉽게 조개껍질을 구할 수 없기 때문에, 귀중한 물품으로 취급하였다. 따라서 패(貝)자가 교역과 귀중품을 상징하게 되었다. 소전에서의 질(質, 𧵩)자는 작은 조개 하나로 돌도끼 두 개를 교환할 수 있음을 표현하였다. 이렇게 볼 때 패(貝)자가 처음 만들어졌을 때 조개의 가치가 상당히 높았다고 생각할 수 있다.

다니는 길에서 발견된 조개껍질은 분명 사람들이 흘린 것이다. 생각치도 않게 우연히 조개껍질을 줍는 것으로 커다란 이득이 생겼다는 것을 표현한 것은 합리적이라 생각된다. 손에 조개만 있는 모습(𦉽)으로도 표현할 수 있는 의미는 많았을 것이다. 예컨대 물건을 산다는 의미, 선물을 보낸다는 의미, 어떤 것을 소유하다는 뜻일 수도 있다. 따라서 창제의미의 관점에서 볼 때, 도로에서 조개를 줍는 모습(𢔃)은 초기 단계의 자형에 속하며, 길(彳)이 생략된 자형(𦉽)은 이후에 단축된 자형임이 분명하다.

금문❷에서는 여전히 이 두 가지 형태가 병존한다. 그러나 간단한 모양의 자형에서 손을 나타내는 우(又)는 때로 수(手)로 쓰거나(𢮩), 래(來)자와 비슷한 모습(𧶛)으로 잘 못 써지기도 했다.

❷

『설문해자』에서는 득(得)에 대해 이렇게 풀이했다.

"득(得)은 길을 가다가 어떤 것을 얻었다는 뜻이다. 척(彳)이 의미부이고 득(㝵)이 소리부이다. 득(㝵)은 득(得)의 고문체인데, 척(彳)이 생략되었다."(得, 行有所㝵也. 从彳·㝵聲. 㝵, 古文省彳.)

길을 나타내는 척(彳)이 들어간 자형이 최초의 자형이라 판단한 것은 매우 정확한 견해이지만, 이를 형성구조라 풀이한 것은 잘못된 것이다.

093 집 사

shè

도시와 마을을 오가는 상인들이 매일 자신의 집으로 돌아가 쉰다는 것은 불가능한 일이고, 외국에서 온 사절들도 쉴 곳은 필요하기 마련이다.

서주 초기의 갑골문에 보이는 사(舍)자는 구덩이 위에 어떤 물건이 꽂힌 모습(舍)이다. 금문❶의 자형은 구덩이에 삽입된 물건이 여(余)자 비슷한 모양으로 되어 있다.

『설문해자』에서는 사(舍)에 대해 이렇게 풀이했다.

"사(舍), 시장에서 사는 집을 사(舍)라고 한다. 집(亼), 철(屮), 구(口)로 구성되었다. 철(屮)은 집을 그린 것이고, 구(口)는 다진 기단을 그린 것이다."(舍, 市居曰舍. 从亼·屮·口. 屮象屋也. 口象築也.)

❶

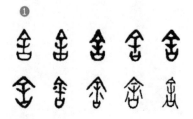

사(舍)가 시장에 거주하다는 뜻이라고 했는데, 교역이 이루어지던 곳에 있는 집이라는 의미이다. 자형을 보고 다진 기단 위에 집[凵]이 세워졌음을 말해준다고 했다. 그러나 이는 정확한 해석이 아니다. 여관이거나 교역하는 곳에 있던 집이라면 집 모양이 일반적인 가정집과 크게 다르지 않아야 하기 때문이다. 이런 특수한 목적의 주택을 구별해 내려면 다른 방법을 찾아야만 한다. 사(舍)자를 이해하기 위해선 먼저 이를 구성하는 여(余)가 무엇을 그렸는지를 알아야 한다.

094

차례 서

xù

갑골문에서 여(余)자❶는 일인칭 대명사로, 문법소로 사용되었다. 그 개념을 그려낼 방법이 없었으므로 다른 사물을 빌려와 표현해야 했을 것이다.

갑골문의 여(余)자가 무엇을 그렸는지는 알아보기 힘들기 때문에, 여(余)로 구성된 다른 글자로부터 실마리를 찾아야 한다.

금문❷에서는 이후 직선의 양쪽에 각각 사선이 하나씩 더해졌다 (余). 『설문해자』에서는 여(余)에 대해 이렇게 풀이했다.

"여(余)는 천천히 말하는 어감을 나타낸다. 팔(八)이 의미부이고 사(舍)의 생략된 모습이 소리부이다."(余, 語之舒也. 从八, 舍省聲.)

그러나 허신이 여(余)자를 형성구조로, 또 생략된 부분이 소리부라는 형식으로 풀이한 것은 분명 문제가 있다.

갑골문에서 서(敍)자는 한 손에 여(余)자 모양의 어떤 것을 들고 있는 모습(𠂤)이다. 서(敍)자에는 '풀이하여 기술하다[詮敍]', '직무기간에 했던 일을 보고하다[敍職]' 등의 뜻이 있다. 이는 어떤 모임이 있을 때, 여(余)처럼 생긴 표식을 들고서 자신이 속한 서열의 위치를 표시하는 관습을 표현한 것으로 보인다. 『유래를 품은 한자』 제2권 '전쟁과 형벌편'에서 대(對, 𡭗)자를 설명하면서, 한 손으로 귀를 가득 꿴 선반을 들고서 상급자에게 얼마나 많은 적을 잡았는지에 대해 보고하는 모습을 그렸다고 설명한 바 있다.

여(余)자는 대체로 이와 유사한 기물을 그렸을 것이다. 고대에는 깃발과 같은 물건이 부족을 대표하거나 관리들을 임명하는 상징물로 자주 사용되었다. 어떤 모임에서 순위를 정할 때 이것으로 표시를 했을 것인데, 오늘날의 명패, 여권, 소개장 등과 같은 역할을 했을 것이다. 보고해야 될 일이 있다면 오늘날 손을 높이 들어 말을 하듯, 이것을 높이 들었을 것이다. 여(余) 모양의 기물을 높이 들고 있는 것으로부터 '기술하다', '보고하다' 등의 뜻이 나왔다.

『주례·환인(環人)』에서 "나라에서 파견한 사절과 손님을 접대하고 환송하는 일을 관장하는데, 도로를 사용해야 하는 사절이 다른 주변 국가에 도착해 여관 등에서 휴식을 취하고 싶다면 이 부절을 넘겨주어 여관에 보관하도록 해야 한다.(掌送逆邦國之通賓客, 以路節達諸四方, 舍則授館.)"라고 했다. 이는 고대에는 여관에 투숙을 하려면 통행을 허가한다는 부절을 건네야 한다고 설명한 것이다. 당시의 여관을 상상해보면, 문 앞에 게시판과 같은 시설을 세워놓았을 것이고, 그 형상을 여(余)로 나타낸 것으로 추정된다.

사(舍)자에 지사(止舍: 쉬는 곳), 여사(旅舍: 여관)라는 의미가 있는데, 투숙하는 사람에게서 파생된 것일 것이다. 집 앞에다 자신의 종족과 직함을 나타내는 깃발이나 부절 등을 세워 그곳이 누군가의 임시 거주지임을 표시했다. 이와 동시에 다른 사람들은 접근하지 말라는 경고의 의미이기도 했다.

『설문해자』에서는 서(敍)에 대해 이렇게 풀이했다.

"서(敍)는 순서를 말한다. 복(攴)이 의미부이고 여(余)가 소리부이다."(敍, 次第也. 从攴, 余聲.)

허신도 이 글자의 의미를 정확하게 알 수 없어 형성구조로 설명했던 것이다.

아래 그림은 호남성 장사(長沙)에서 발굴된 전국시대의 칠을 한 화장함의 무늬로, 말을 타고 객사를 떠나려는 여행자의 모습과 그의 뒤로 여(余)와 비슷한 모양의 팻말이 그려져 있다. 이는 분명 여관이라는 표시였을 것이며(일본에 고대 시대극 영화를 보면 종종 마을 입구에 비슷한 팻말이 세워져 있다), 이를 통해 여(余)자가 이러한 종류의 표식을 그렸다는 것을 간접적으로나마 알 수 있다.

그 당시 객사의 외관이 일반 건물과 다르지 않았기 때문에, 특수한 팻말을 세워 여행자들에게 휴식을 취하고 쉬는 곳임을 알려야만 했다. 『역경·여(旅)』괘의 효사에 "여행객은 객사가 불타버리고, 시중드는 동복을 잃고 말 것이다.(旅焚其次, 喪其童僕.)"라고 했고, 또 "새는 그 둥지를 태워버리고, 여행객은 먼저 웃었으나 뒤에는 울부짖게 될 것이며, 유역 땅에서 소를 잃어버리고 말 것이다.(鳥焚其巢, 旅人先笑後號咷, 喪牛于易.)"라고 했다.

▌장사(長沙)에서 출토된 전국시대 옻칠 화장함에 그려진 도안.
중간에 세워진 것이 객사를 뜻하는 사(舍)에 든 여(余)자 모양의 표식으로 보인다.

이는 다른 나라에서 온 사절만이 객사에 머물 수 있었던 것이 아니라 상인도 머물 수 있었음을 설명한 것이다. 이를 통해, 당시의 객사는 이미 외국의 사절을 접대하는 곳이 아니라 무역에 종사하는 상인들도 머물 수 있었던 곳임을 알 수 있다.

243쪽에서 기원전 323년에 초(楚)나라에서 악(顎)의 군주였던 계(啓)에게 발급한 수로와 육로의 무역 통행을 위한 청동으로 만든 부절(허가증)에 대해 소개했었는데, 깃발 외에도 이러한 사무를 허용한다는 것을 설명하기 위해 더욱 명확한 문서가 필요했음을 보여준다.

『주례』라는 책에 기록된 현상이 고대중국의 제도와 완전히 일치하는 것은 아니지만, 그렇다 해도 일부 고대의 관습을 반영한 것만은 분명하다. 「장절(掌節)」에서 이렇게 말했다.

"나라의 부절을 관장하는데, 산지가 많은 나라에서는 호랑이 모양의 부절을 사용하고, 평지가 많은 나라에서는 사람 모양의 부절을 사용하며, 연못이 많은 나라에서는 용 모양의 부절을 사용하는데, 모두 금으로 만들며, 금을 보관한 창고에서 함을 만들어 그것을 보조한다. 관문에서는 부절을 사용하고, 물건을 주고받을 때에는 대나무 부절을, 길에서는 깃발로 된 부절을 사용했는데, 모두 일정 기한이 되면 반납해야 했다."(凡邦國之掌節, 山國用虎符, 土國用人節, 澤國用龍節, 皆金也, 以英蕩輔之. 門關用符節, 貨賄用節, 道路用旌節, 皆有期以反節.)

「소행인(小行人)」에서 이렇게 말했다.

"천하를 통과하는데 사용되는 6가지 부절이 있다. 산지가 많은 나라에서는 호랑이 모양의 부절을 사용하고, 평지가 많은 나라에서는 사람 모양의 부절을 사용하며, 연못이 많은 나라에서는 용 모양의 부절을 사용하는데, 모두 금으로 만들었다. 길에서는 깃발로 된 부절을 사용하고, 관문에서는 부절을 사용하며, 도읍과 마을에서는 관으로 만든 부절을 하는데, 모두 대나무로 만들었다."(達天下之六節, 山國有虎節, 土國用人節, 澤國用龍節, 皆以金為之. 道路用旌節, 門關用符節, 都鄙用管節, 皆以竹為之.)

여행자들은 자신의 신분을 증명하기 위해 부절을 들고 다녀야했다. 그래서 갑골문의 도(途, ⇕, ⬥)자도 여(余)자와 발을 나타내는 지(止)자로 구성되었던 것이다. 도(途)는 폭이 넓은 도로를 말하는데, 사절들이 다니는 도로임을 표시했다.

옛날에는 도로 상황이 지금보다 못해서, 보통 여행을 하려면 하루에 평균 30리 정도 밖에 걷지 못했다. 지금으로 치면 약 7킬로미터 정도에 해당한다. 그래서 육로의 경우 30리마다 객사를 설치했다.

『주례·유인(遺人)』에서는 "30리마다 숙소가 있는데, 숙소에는 노실(路室)이 있고 노실에는 작은 창고인 위(委)가 있다. 50리마다 시장이 있는데, 시장에는 후관(候館)이 있고, 후관에는 큰 창고인 적(積)이 있다.(三十里有宿,

宿有路室, 路室有委. 五十里有市, 市有候館, 候館有積)"라고 했다. 시설이 누추한 객사에서는 식사를 제공하지 않았고, 더 큰 객사라야 식사까지 제공되었다. 개인적인 일로 여행하는 사람들은 종종 마른 음식을 스스로 휴대하여 만일의 경우 객사를 놓쳐 굶주리지 않도록 대비하곤 했다.

『유래를 품은 한자』 제1권 '동물편'에서 갑골문에 보이는 기(羈)자를 설명한 적이 있는데, 해치라는 동물의 두 뿔에 밧줄이 묶인 모습(羈)이며, 역참을 뜻한다고 한 바 있다. 갑골복사에는 2기(二羈), 3기(三羈), 5기(五羈) 등의 기록이 보이는데, 당시의 수도였던 안양(安陽)에서부터 계산해서 일정한 거리마다 세운 시설로 보인다. 이는 나라에서 설치한 역참으로, 정보와 물품을 전달하기 위한 곳이었으며, 마부가 쉴 수 있는 공간도 있었다. 추운 기후로 인해 해치라는 동물이 중국에서 사라졌고, 이후에는 말이 수송용으로 보편적으로 사용되면서 글자도 마(馬)가 들어간 기(羈)자를 사용하게 되었다. 일(馹)이나 역(驛)도 마(馬)를 의미부로 삼는 글자들이다.

095

빗장 관

關

guān

정보는 외교와 전략을 결정하는데 중요한 근거가 된다. 자기 쪽의 정보는 가능한 한 빨리 전달하고 적군의 정보는 최대한 차단해야 한다.

춘추시대가 되면 상업이 이미 매우 번성하여 통하지 않는 곳이 없었기에, 이익을 취할 수 있는 것도 상당히 많았다. 특히 군사 전략에 필요한 물자는 각 나라들이 충분히 획득하여 적국에게 흘러가지 않고자 하였다. 앞에서도 설명한 바와 같이 초(楚)나라에서 악(鄂)의 군주였던 계(啓)에게 발급한 청동 부절에 새긴 규정은 "청동, 가죽, 대나무, 화살을 실어서는 안 된다.(毋載金革黽箭.)"라는 것이었다. 이것들은 모두 전쟁 물자들이다. 그래서 교통의 중요한 곳에는 관문을 설치했고, 이를 통해 들고 나는 인원과 물자를 체크했다.

금문에서 관(關)자 ❶는 밀고 닫는 두 개의 문짝을 빗장으로 단단히 채워 놓은 모습이다. 이 문은 성문에 설치된 관문임이 분명하다.

❶

『설문해자』에서는 관(關)에 대해 이렇게 설명했다.

"관(關)은 문짝을 빗장으로 가로질러 놓은 모습이다. 문(門)이 의미부이
고, 관(𢇍)이 소리부이다."(關, 以木橫持門戶也. 从門, 𢇍聲.)

허신은 관(關)자를 관(𢇍)이 소리부인 형성구조로 분석했다. 이는 분명
글자에 변형이 일어난 이후의 모습으로, 원래의 자형에서는 노끈과 관련된
사(絲)가 들어 있지 않았다.

후기

『유래를 품은 한자』 제5권 '기물제작편'에서는 산업과 관련된 주제를 다룰 것이며, 총 140개의 한자가 소개될 것이다. 저절로 자라는 꽃과 과수, 나무 및 짐승을 제외하고, 가장 중요한 것은 성현들이 발명했다고 하는 재배작물과 가축 및 각종 도구들이다. 이것들은 사람들에게 풍성한 음식과 생활을 위한 다양한 도구를 갖출 수 있도록 해 주었다. 제일 먼저 재능과 기술에 관한 일반적인 단어를 소개하게 될 것이다.

그 다음은, 산업의 주요 내용인데 다시 세 부분으로 나뉜다.

첫 번째는 생산에 관한 것이다. 앞에서 이미 축산업에 대해 소개했기 때문에 여기서는 주로 농업 기술과 농기구에 대해 소개할 것이다.

두 번째는 제조업, 즉 생산된 원료를 사용해 생활에 편리한 각종 용구를 만드는 것에 관한 내용이다. 이들은 다시 돌과 옥, 대나무와 목재, 뼈와 뿔, 가죽, 섬유, 도기 및 야금 등 다양한 산업과 관련된 글자들을 소개할 것이다.

제품이 제조된 이후에는 여러 곳에서 판매할 수 있는 방법을 찾아야 했으므로, 마지막 부분에서는 상업 행태와 공신력을 확정하는 측정 시스템(도량형)에 대해 소개할 것이다.

역자 후기

1986년 겨울로 기억된다. 벌써 아련한 35년 전의 일이다. 허진웅 교수님께서 캐나다에서 오랜 외유 끝에 잠시 대만으로 돌아오셔서 갑골문 강의를 하신다는 소식을 대만대학의 친구로부터 들었다. 그때 대만대학으로 가서 선생님의 강의를 방청한 것이 처음으로 뵌 인연이다.

처음에 놀란 것은 학문에 대한 선생님의 성실함과 과학적 접근과 분석이었다. 우리에게 강의를 해 주시면서 당시에 나온 갑골문 등에 관한 학술 논문들을 한 편 한 편 컴퓨터 파일로 정리하여 나누어 주셨다. 각 편의 논문마다 해당 논문의 기본 정보, 내용 요약, 문제점, 해결 방안, 참고문헌 등을 기록한 파일을 출력하신 것이었다. 그때만 해도 개인 컴퓨터가 막 보급되기 시작하였고, 다른 사람들은 필사하거나 자료를 잘라 붙인 카드나 노트 등으로 자료를 정리하고 연구하던 시절이라 도트 프린트로 인쇄된 선생님의 자료들은 신선한 충격이 아닐 수 없었다. 게다가 당시로서는 보기 어려웠던 서구의 자료들은 물론 대륙의 다양한 자료들까지 포함하고 있었다. 당시는 대륙의 자료들이 마치 우리들에게서 북한자료인 것처럼 열람이 제한되어 있었다. 이들 자료를 보려면 대만국가도서관의 중국학센터[漢學中心]나 국립정치대학 동아시아연구소에 가서 허락을 득한 후 복사도 불가한 상태에서 손으로 베껴 써야만 했던 때였다. 그랬으니 그 충격과 감격은 가히 헤아릴 수 있으리라.

선생님께서는 캐나다 온타리오 박물관에서 멘지스 소장 갑골문을 손수 정리하시면서 체득한 여러 노하우들도 알려주셨는데, 그 과정에서 발견한 갑골을 지지기 위해 홈을 파둔 찬과 조의 형태에 근거해 갑골문의 시대를 구분할 새로운 잣대의 발견을 이야기할 때는 다소 흥분까지 하신 듯 했다. 동작빈 선생께서 1933년 갑골문의 시기구분 기준으로 제시했던 10가지 표준에 하나를 더 보탤 수 있는 과학적 잣대이자 획기적인 성과였다. 그리고 상나라 때의 5가지 주요 제사에 대해서도 일가견을 갖고 계셨고, 새로운 연구 성과와 경향을 다양하게 소개해 주셨다. 게다가 갑골문 연구, 나아가 한자연구에서 가져야 할 참신한 시각도 많이 제공해 주셨다. 특히 한자를 문헌과의 연계 연구에서 벗어나, 고고학 자료들과의 연계, 나아가 인류학과 연계해야 한다는 말씀을 강조하셨다. 어쩌면 왕국유 선생께서 일찍이 제시했던 한자와 문헌과 출토문헌 자료를 함께 연구해야 하며 거기서 공통된 증거를 찾아야 한다는 '이중증거법'을 넘어서 인류학 자료까지 포함시킴으로써 '삼중증거법'을 주창하셨던 셈이다. 혜안이 아닐 수 없었다. 아마도 선생님께서 캐나다라는 구미 지역에서 오랜 세월 동안 연구하셨기 때문에 이러한 영역을 연계시키고 나아가 '중국인들의 사고'를 넘을 수 있었던 것이라 생각했다.

그 후로 선생님을 마음속에서만 흠모 했을 뿐, 제대로 찾아뵙지도 못하고, 제대로 가르침을 구하지도 못했다. 1989년 귀국하여 군복무를 마치고, 1991년 운 좋게 대학에 자리를 잡아 학생들을 가르치게 되었다. 중국학의 기초가 되는, 또 우리 문화의 기저에 자리하고 있는 한자를 좀 더 참신하게 강의하고자 노력하고 있을 때였다. 그때 정말 반가운 소식을 하나 접하게 되었다. 다름 아닌 선생님의 거작 『중국고대사회』가 동문선출판사에서 홍희 교수의 번역으로 출간된 것이었다. 영어로 된 교재 편집 본을 보고 감탄하며 활용하고 있었는데, 선생님의 학문 세계를 망라한 그 방대한 책이 우리말로 번역되어 한국 독자들에게 소개된 것이다. "문자와 인류학의 투사"라는 부제가 붙어 있듯 이 책은 각종 고고학과 인류학적 자료와 연구 성과들을 한자와 접목하여 그 어원을 파헤치고 변화 과정을 설명한 책이다.

너무나 기뻐 내 자신이 몇 번이고 숙독을 했음은 물론 학생들의 교재로 사용하기도 했다. 지금 생각하면 그 두껍고 상당히 학술적이기까지 한 책을 통째로 익히게 했으니 학생들이 꽤나 고생하고 원망도 많았다. 하지만 당시에는 미국과 캐나다의 중문과에서도 여러분과 같은 또래의 학부학생들이 이 책으로 꼭 같이 공부하고 있다고 하면서 경쟁력을 가지려면 한자문화권에 사는 여러분들이 이 정도는 당연히 소화해야 하지 않겠냐며 독려했던 기억이 생생하다.

필자가 지금하고 있는 한자의 문화적 해석과 한자의 어원 연구는 사실 허진웅 선생님의 계발을 받은 바가 크다. 필자의 한자 연구를 '한자문화학'이라는 구체적 방향으로 가도록 해 준 책이 바로 이 책이기 때문이다. 그러다 1994년 숙명여대 양동숙 교수님의 주관으로 한국에서 전무후무한 성대한 갑골학 국제학술대회가 열렸다. 중국 대륙의 구석규, 왕우신 선생님을 비롯해 허진웅 선생님까지 오신 것이다. 저도 어린 나이였지만 초대되어 부족하지만 「갑골문에 나타난 인간중심주의」라는 논문을 발표하여 좋은 평가를 받았으며, 그 이후로 한자문화학이라는 이 방향이 지속 가능한 연구임을 확인하게 되었다.

그 이후로는 선생님을 직접 뵐 기회가 없었다. 중국이 개방되면서 주로 대륙을 드나들면서 상해의 화동사범대학 등과 공동 연구를 주로 하면서 대만을 갈 기회가 없었기 때문이다. 그래도 선생님의 책은 꾸준히 사 모았다. 그리고 블로그 등을 통해서도 선생님의 활발한 학술활동과 연구경향 등을 확인할 수 있었다. 컴퓨터를 여전히 잘 운용하시는 선생님의 모습이 그려졌다.

그러다 2019년 5월 대만문자학회의 초청으로 학술대회에 참여했다가 서점에서 선생님의『유래를 품은 한자』7권을 접하게 되었다. 그간의 선생님의 관점과 연구 성과를 담은 결과물을 보다 쉽게, 보다 통속적으로 기술한 책이었다. 나이 여든이 된 세계적 대학자께서 그 연세에 청소년들을 위해 큰마음을 잡수시고 이 방대한 책을 펴냈을 것임을 직감했다. 날이 갈수록 한자를 학문적 근거 없이 편한 대로 이해하는 세태, 그 속에 담긴 문화적 속성에 대한 이해 없이 단순한 부호로만 생각하는 한자, 그리고 줄어만 가는 중국 전통문화의 연구 등등, 이러한 풍조를 바로 잡고 후학들에게 관심을 가지게 하려면 어린 청소년부터 시작하는 게 옳다고 생각하셨을 것이다. 그래서 보통 대학자들이 잘 하지 않는 통속적 저술 쓰기를 손수 실천하셨던 것이다. 사실 전문적 학술 글쓰기보다 훨씬 어려운 것이 대중적 통속적 글쓰기이다. 고희를 넘어서 산수(傘壽)에 이르신 연세에 노구를 이끌고 이런 작업을 하신 선생님의 고귀한 열정을 우리 모두 깊이 새겨야 할 것이다.

　　대만 학회를 마치고 오는 길에 이 책을 번역하여 한국 독자들에게 소개해야겠다는 결심을 했다. 그것이 선생님께 진 학문적 빚을 조금이라도 갚고 선생님의 지도에도 감사하는 한 방식이라 생각했기 때문이다. 돌아오자마자 해당 출판사에 번역 제의를 했고 선생님께도 이 사실을 보고해 도움을 달라고 부탁드렸다. 출판사도 선생님께서도 모두 흔쾌히 허락해 주셨다. 다만『유래를 품은 한자』7권과 곧이어 나올『갑골문 고급 자전』까지 총 8권의 방대한 저작을 한꺼번에 제대로 번역할 수 있을까 하는 걱정도 갖고 계셨다. 그러나 저는 개인이 아니라 한국한자연구소의 여러 선생님과 함께 하는 팀이 있다고 말씀드렸고, 저의 책임 하에 잘 번역하겠다고 약속드렸다. 물론 연구소의 인원 모두가 참여한 것은 아니지만 중국학 전공으로 자발적으로 참여하신 선생님들을 위주로 번역 팀이 꾸려졌다.

그리고 2020년 1월 초, 한자의 시원이라 할 갑골문 발견 120주년을 기념하는 국제학술대회와 한중갑골문서예전을 우리 연구소에서 개최하기로 되어, 이 자리에 선생님을 모셨다. 고령이기도 하시거니와 외부 활동을 잘 하지 않으시는 선생님이었지만, 초청에 흔쾌히 응해 주셨다. 한국은 숙명여대 학술대회 이후 약 25년 만에 이루어진 방문이셨다. 아마도 우리 연구소와 번역 팀이 어떤지를 확인해 보고 싶기도 했을 것이라 생각한다. 이번 학회에서도 선생님께서는 유가의 3년 상의 전통이 우리가 상상하는 것보다 훨씬 이전인 상나라 때부터 존재했다는 가설을 갑골문과 관련 고고자료들을 통해 논증해주셨다. 언제나 어떤 학회를 가시더라도 항상 참신한 주제에 새로운 성과를 발표해 주시는 선생님의 학문적 태도에 다시 한 번 감동하지 않을 수 없었다.

　　우리 한국한자연구소는 한국한자의 정리와 세계적 네트워크와 협력 연구를 위해 2008년 출범한, 아직 나이가 '어린' 연구소이다. 그러나 한자가 동양문화의 기저이며, 인류가 만든 중요한 발명품의 하나이자 계승 발전시켜야 할 유산이라는 이념을 견지하며 여러 가지 다양한 활동을 하고 있으며, 세계한자학회의 사무국도 유치했다. 마침 2018년 한국연구재단의 인문한국플러스(HK+)사업에 선정되어 한국, 중국, 일본, 베트남 4개국의 한자 어휘 비교를 통한 "동아시아한자문명연구"를 진행하고 있다. 2025년까지 이 연구는 지속될 것이다. 한자는 동아시아 문명의 근원이고, 한자 어휘는 그 출발이 개별 한자이다. 한 글자 한 글자 모두가 중요한 개념을 글자 속에 담고 있고 수 천 년 동안 누적된 그 변화의 흔적들을 새겨 놓은 것이 한자라는 문자체계이다. 그래서 한자에 대한 근원적이고 철저한 이해는 이 모든 것을 출발점이자 성공을 담보하는 열쇠라 생각한다.

그런 의미에서 이 『유래를 품은 한자』는 우리 사업과도 잘 맞는 책이며, 통속적이고 대중적이지만 결코 가볍지도 않은 책이다. 허진웅 선생님의 평생에 걸친 연구 업적이 고스란히 녹아 있는 결정체이다. 특히 『갑골문 고급 자전』은 최신 출토 갑골문 자료를 망라함은 물론 평생 천착해 오신 갑골문과 한자어원 및 한자문화 해석에 대한 선생님의 집대성한 가장 최근의 저작이다. 이들 책에서 한자를 단순히 문자 부호가 아닌 문화적 부호로 보고 이를 문화학적 입장에서 해석하려는 노력이 특별히 돋보인다. 독자들에게 한자를 고고학과 인류학과 연결하여 보는 눈을 열어주고 한자에 담긴 새로운 세계를 인류의 역사와 함께 탐험하게 할 것이다. 그 어떤 저작보다 창의적이면서도 학술적이라 확신한다. 우리에게서도 점점 멀어져만 가는 한자, 이 책을 통해서 한자의 진면목과 숭고한 가치를 느끼고 한자와 가까워질 수 있을 것이라 믿는다. 그리고 한자에 담긴 무한한 지혜와 창의성을 체험하는 재미도 느끼게 해 줄 것이다.

다소 장황한 '후기'가 되었지만, 허진웅 선생님과의 인연과 필자가 한자문화학의 길로 들어서게 된 연유, 그리고 그 과정에서 선생님께 입은 은혜에 대해 감사 표시라 이해해 주시기 바란다. 아울러 이 방대한 책을 빠른 시간 내에 번역할 수 있도록 참여해 주신 김화영, 양영매, 이지영, 곽현숙 교수님께도 감사드리며, 여러 번거로운 일을 마다않고 도와준 김소연 디자이너, 이예지, 최우주, 김태균, 박승현, 정소영 동학에게도 고마움을 표한다.

2020년 12월 20일
역자를 대표하여 하영삼 씁니다.

저자/역자 소개

허진웅(許進雄)

1941년 대만 고웅 출생, 국립대만대학 중문과 졸업 후 1968년 캐나다 토론토의 로열 온타리오박물관 초청으로 멘지스 소장 갑골문을 정리, 갑골문 시기 구분 표준을 제시하는 등 갑골문 연구의 세계적 권위가 가 됨.
1974년 토론토대학 동아시아학 박사학위 취득, 동아시아학과 교수 부임. 1996년 대만으로 귀국, 국립대만대학 중문과 특임교수로 재직, 2006년 퇴임 후 현재 세신대학 중문과 교수로 재직.
주요 저서에 『중국고대사회』, 『실용 중국문자학』, 『허진웅 고문자학 논문집』, 『문자학 강의』, 『갑골복사의 5가지 제사 연구』, 『갑골의 찬조 형태 연구』 등이 있다.

김화영(金和英)

경성대학교 중국학과 조교수, (사)세계한자학회 사무국장, 『한자연구』 편집주임. 동의대학교 중문과를 졸업하고, 동 대학원에서 석사학위, 부산대학교에서 박사학위를 취득했으며, 한자학 관련 서적의 번역에 주력하고 있다.
저서에 『한자로 읽는 부산과 역사』(공저), 『땅띠중국어』가 있고, 역서에 『삼차원 한자학』, 『한국한문자전의 세계』, 『유행어로 읽는 현대 중국 1백년』 등이 있다.

하영삼(河永三)

경성대학교 중국학과 교수, 한국한자연구소 소장, 인문한국플러스(HK+)한자문명연구사업단 단장. (사)세계한자학회 상임이사. 부산대를 졸업하고, 대만 정치대학에서 석.박사 학위를 취득했으며, 한자 어원과 이에 반영된 문화 특징을 연구하고 있다.
저서에 『한자어원사전』, 『한자와 에크리튀르』, 『한자야 미안해』(부수편, 어휘편), 『연상 한자』, 『한자의 세계』 등이 있고, 역서에 『중국 청동기시대』, 『허신과 설문해자』, 『갑골학 일백 년』, 『한어문자학사』 등이 있고, 『한국역대한자자전총서』(16책) 등을 주편했다.